Este libro pertenece a

____

...una mujer conforme al corazón de Dios.

Otros libros de Elizabeth George:

Acaba con tus preocupaciones… ¡para siempre!
Ama a Dios con toda tu mente
Biblia de la mujer conforme al corazón de Dios
Colosenses/Filemón: Descubre la gracia de Dios
Cómo criar a una hija conforme al corazón de Dios
Encuentra la senda de Dios en medio de tus problemas
Ester: Descubre cómo ser una mujer bella y fuerte
Filipenses: Experimenta la paz de Dios
Guía de una joven para descubrir su Biblia
Guía de una mujer para las buenas decisiones
Hechos: El poder del Espíritu Santo
Jardín de la gracia de Dios
Jueces/Rut: Cultiva una vida de integridad
Lucas: Vive con pasión y propósito
María: Cultiva un corazón humilde
Momentos de gracia para el corazón de la mujer
Oraciones para el corazón de la mujer
1 Pedro: Cultiva un espíritu afable y apacible
Promesas poderosas para toda pareja
Proverbios 31: Descubre los tesoros de una mujer virtuosa
Proverbios para el corazón de la mujer
Sabiduría de Dios para la vida de la mujer
Santiago: Crece en sabiduría y fe
Sara: Camina en las promesas de Dios
Sigue a Dios con todo tu corazón
Tienes un amigo en Jesús—para chicas
Un minuto con las mujeres de la Biblia
Una esposa conforme al corazón de Dios
Una madre conforme al corazón de Dios
Una mujer conforme al corazón de Jesús
Una mujer que ora por su esposo
Una pareja conforme al corazón de Dios
Vive tu fe

JUECES/RUT

Cultiva una vida de integridad

ELIZABETH GEORGE

EDITORIAL PORTAVOZ

La misión de *Editorial Portavoz* consiste en proporcionar productos de calidad —con integridad y excelencia—, desde una perspectiva bíblica y confiable, que animen a las personas a conocer y servir a Jesucristo.

Agradecimientos

Como siempre, agradezco a mi amado esposo
Jim George, M.Div., Th.M., por su apoyo acertado, su guía
y sugerencias, y por alentarme con amor en la realización
de este proyecto.

Título del original: *Cultivating a Life of Character* © 2002 por Elizabeth George y publicado por Harvest House Publishers, Eugene, Oregon 97402. Traducido con permiso.

Traducción: Nohra Bernal

EDITORIAL PORTAVOZ
2450 Oak Industrial Dr. NE
Grand Rapids, Michigan 49505 USA

Visítenos en: www.portavoz.com

ISBN 978-0-8254-5714-2

2 3 4 5 6 edición / año 28 27 26 25 24 23

Impreso en los Estados Unidos de América
Printed in the United States of America

Contenido

Prólogo

Desde hace tiempo he buscado estudios bíblicos de uso diario que me permitan conocer mejor la Palabra de Dios. En esto me hallé entre dos extremos: estudios bíblicos que requerían poco tiempo pero superficiales, o estudios profundos que exigían más tiempo del que disponía. Descubrí que no era la única y que, como muchas mujeres, vivía muy ocupada pero deseosa de pasar tiempo provechoso en el estudio de la Palabra de Dios.

Por eso me emocionó tanto saber que Elizabeth George quisiera escribir una serie de estudios bíblicos para mujeres con lecciones profundas que solo requerían 15 o 20 minutos diarios. Después que ella completara su primer estudio sobre Filipenses estaba ansiosa por conocerlo. Aunque ya había estudiado Filipenses, por primera vez entendí bien la organización del libro y su verdadera aplicación para mi vida. Cada lección era sencilla pero profunda, ¡y escrita especialmente para mí como mujer!

En la serie de estudios bíblicos de *Una mujer conforme al corazón de Dios*® Elizabeth nos guía en un recorrido por las Escrituras, y comunica la sabiduría que ha adquirido en más de 20 años como maestra bíblica para mujeres. Las lecciones abundan en contenidos muy valiosos, porque se fundamentan en la Palabra de Dios y son el fruto de la experiencia de Elizabeth. Su estilo de comunicación personal y afable hacen sentir como si estuviera a tu lado estudiando contigo, como si, en persona, te orientara en la mayor aspiración que pudieras tener en la vida: ser una mujer conforme al corazón de Dios.

Si buscas estudios bíblicos que pueden ayudarte a cimentar tu conocimiento de la Palabra de Dios en medio de tantas ocupaciones, estoy segura de que esta serie será una grata compañía en tu andar diario con Dios.

—LaRae Weikert
Directora Editorial,
Publicaciones Harvest House

Preámbulo

En mi libro *Una mujer conforme al corazón de Dios*® hablo de esta clase de mujer como alguien que tiene el cuidado de poner a Dios en el trono de su corazón y como su máxima prioridad en la vida. También mencioné que una forma de lograrlo sin falta es alimentar un corazón anclado en la Palabra de Dios. Esto supone que desarrollemos unas raíces profundas en las Escrituras.

Antes de emprender nuestro estudio bíblico, dedica un momento a pensar en los siguientes aspectos concernientes a las raíces y al estudio diario y constante de la Palabra de Dios:

- *Las raíces no están a la vista.* Será necesario que apartes tiempo a solas, "en lo secreto", si deseas sumergirte en la Palabra de Dios y crecer en Él.

- *La función de las raíces es absorber nutrientes.* A solas, y con tu Biblia en mano, podrás alimentarte de las verdades de la Palabra de Dios y asegurar tu crecimiento espiritual.

- *Las raíces sirven para almacenar.* A medida que adquieres el hábito de escudriñar la Palabra de Dios, descubrirás que acumulas una inmensa y profunda reserva de esperanza divina y fortaleza para los tiempos difíciles.

- *Las raíces sirven de sostén.* ¿Quieres permanecer firme en el Señor y en medio de las presiones de la vida? El cuidado diario de tus raíces espirituales mediante el estudio de la Palabra de Dios te convertirá en una mujer extraordinaria y firme.[1]

Me alegra que hayas escogido este volumen de mi serie de estudios bíblicos de *Una mujer conforme al corazón de Dios*®. Mi oración es que las verdades que encuentres en la Palabra de

Dios a través de este estudio te acerquen más a la semejanza de su amado Hijo y te faculten para ser la mujer que anhelas: una mujer conforme al corazón de Dios.

En su amor,

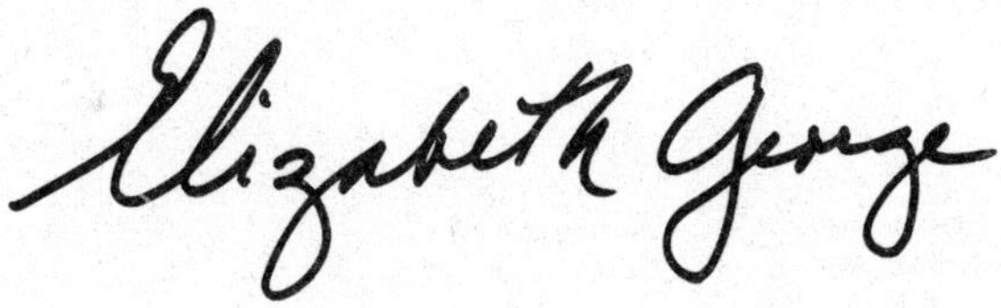

Lección 1

Servir al Señor

Introducción

"Era el mejor de los tiempos, era el peor de los tiempos". Así comienza *Historia de dos ciudades*, la obra clásica de Charles Dickens.

Bueno, amiga mía, bien podríamos usar las mismas palabras para describir la época de los jueces y de Rut, cuyo estudio estamos a punto de empezar. ¿Por qué? Porque "el mejor de los tiempos" y "el peor de los tiempos" son descripciones precisas de la situación de Israel en el período registrado en estos dos libros bíblicos inspirados por Dios.

Pero antes de analizar los perfiles de los hombres y las mujeres que ocupan las páginas de estos dos libros históricos del Antiguo Testamento, y antes de que pasemos por lo bueno, lo malo, y los detalles desagradables de los libros de Jueces y Rut, veamos algunas joyas que podrás encontrar a lo largo del estudio:

La constante fidelidad de Dios
El perdón y la gracia de Dios
El poder y la liberación sistemática de Dios

La obra redentora de Dios
El surgimiento de varios héroes insólitos de Dios

Ahora, querida, veamos cuál es el mensaje de Dios para nuestro corazón.

El mensaje de Dios...

Para entender mejor la situación del pueblo de Dios, empecemos con un vistazo a la vida de Josué, el guerrero de Dios, un hombre que sin duda llevó una vida íntegra.

1. Después que Dios escogiera a Josué como sucesor de Moisés para guiar al pueblo de Dios, ¿qué le dijo Dios acerca de la tierra (Jos. 1:6)?

   Mira ahora el mapa de la página 141 y examina el alcance de la provisión de Dios para los hijos de Israel.

2. ¿Cuál era la voluntad de Dios para Josué con respecto a la ley de Moisés (Jos. 1:8)?

3. ¿Qué prometió Dios a Josué (Jos. 1:9)?

   Al final de su vida, Josué congregó al pueblo para rememorar la fidelidad de Dios (Jos. 24:1-13). Un antiguo erudito comentó acerca de estos pasajes: "Josué había sido testigo de la fidelidad de Dios durante 40 años en los hornos de ladrillos, 40 años en el desierto, y 30 años en la tierra prometida, y este fue su testimonio antes de morir".[2]

Examina brevemente:

El reto final que lanzó Josué al pueblo (Jos. 24:14-15)

La respuesta del pueblo y por qué fue así (Jos. 24:16-18)

La advertencia de Josué y la respuesta del pueblo (Jos. 24:20-21)

Bueno, amiga mía, este es el escenario que está listo para presentar los libros de Jueces y Rut:

- ✓ Josué había ejercido el papel de líder espiritual de manera sobresaliente.
- ✓ La conquista de la tierra había comenzado.
- ✓ El pueblo se encontraba frente al reto de seguir al Señor.
- ✓ Josué estaba próximo a morir.
- ✓ El pueblo debía cumplir ahora los mandatos de Dios para poder terminar la conquista de la tierra y establecer una nación que sirviera a Dios de todo corazón.

Puedo asegurarte que las próximas 24 lecciones serán emocionantes, pues seremos testigos de los triunfos y los fracasos del pueblo de Dios al servirle y llevar a cabo su misión.

...y la respuesta de tu corazón

A medida que avanzamos en nuestro estudio bíblico, descubrirás que la respuesta de tu corazón es determinante. ¿Por qué? Porque un propósito de cualquier estudio bíblico es que tu vida cambie. Como mujeres conformes al corazón de Dios queremos que nuestro corazón y nuestra vida se asemejen más al corazón y a la vida de Jesucristo.

Veamos, pues, qué cambios podemos o debemos hacer, y qué cualidades del carácter podemos o debemos cultivar mejor.

Josué, el siervo de Dios, constituye un ejemplo excelente para nosotras por ser un hombre de gran carácter. Estas son algunas de las múltiples razones:

- Josué fue un *estudioso de la Palabra de Dios*. ¿Qué nos enseña 2 Timoteo 3:15-16 acerca de la necesidad y la práctica de ser un estudioso de la Palabra de Dios?

  ¿Qué nos enseña Hechos 17:11?

  ¿Qué nos enseña 1 Pedro 2:1-2?

  ¿Qué relación encuentras entre estudiar la Palabra de Dios y cultivar una vida de integridad?

- Josué era *fuerte en el Señor*. Escribe los mandatos y las promesas que recibimos en los siguientes pasajes para encontrar nuestra fortaleza en el Señor:

  Efesios 6:10

  Filipenses 4:13

  2 Timoteo 1:7

  ¿En dónde buscas siempre fortaleza y cómo puedes recordar que debes buscar al Señor para recibir la fortaleza que tanto necesitas?

- Josué fue *obediente a los mandatos divinos*. El amor a Dios es la clave para obedecer los mandatos de Dios. ¿Qué dice Juan 14:15 acerca de nuestro amor y obediencia a Dios?

¿Qué dice 1 Juan 5:2-3?

¿Y Lucas 6:46?

La desobediencia a la ley es siempre el resultado de la falta de amor al Dador de la ley.[3]

¿Cómo está tu amor al Dador de la ley? ¿Puedes mirar más allá de los mandatos de las Escrituras a Aquel que los ha decretado? ¿Cómo te ayuda Colosenses 3:23 a cultivar un corazón obediente?

- Josué *sirvió a Dios de todo corazón.* En repetidas ocasiones Josué desafió a los israelitas a servir a Dios de todo corazón (Jos. 24:14-23). ¿Por qué lo hizo tantas veces? Quizás porque Josué sabía por su propia devoción y experiencia lo que suponía servir a Dios de todo corazón. Después de todo, él había servido a Dios fielmente, y había experimentado la fidelidad de Dios durante 110 años. ¿Qué oración elevó David en el Salmo 86:11? ¿Cómo crees que hacer una oración semejante y con tal sinceridad te ayudaría a servir a Dios sin reservas?

- Josué *fue ejemplo de integridad para otros.* Necesitamos modelos de fe cristiana. ¿Qué dice Tito 2:3-5 acerca de seguir buenos ejemplos y de recibir instrucción?

- ¿Quién es tu modelo? ¿Qué haces para desarrollar tu carácter a fin de dar ejemplo a otros, por la gracia de Dios, de un verdadero servicio al Señor?

Cultiva una vida de integridad

Qué fácil es decir por decir (como hicieron los israelitas): "Sí, por supuesto, claro que serviremos al Señor". Sin embargo, las promesas precipitadas son a veces difíciles de cumplir. Josué, a diferencia del pueblo del cual era líder, no hizo compromisos precipitados. Antes bien, cultivó una vida de integridad consagrándose fielmente a Dios, sirviéndole, y viviendo conforme a su Palabra.

¡Es una bendición que en nuestra primera lección descubramos *la* primera lección acerca de servir al Señor Dios! Hemos conocido un verdadero hombre íntegro. Hemos visto lo que para Josué significó ser un hombre íntegro, un hombre recto delante de Dios. Tal vez las siguientes palabras nos ayuden a comprenderlo mejor. Léelas, y luego prepara la respuesta de tu corazón: ¿Qué debes hacer y que harás *tú* para comprometerte a servir al Señor?

> El llamado al compromiso es un llamado a la vigilancia constante para mantener y comprender los niveles de dicho compromiso. Sin importar las distracciones que pueda encontrar un líder piadoso, él o ella deben centrarse siempre en servir al Señor.[4]

Lección 2

Misión cumplida

Jueces 1:1-36

Nunca olvidaré el único viaje de camping que Jim y yo hicimos al parque nacional Yellowstone en Wyoming. Fue a comienzos del verano cuando las flores estaban en todo su esplendor. Lo primero que hicimos cuando llegamos al parque fue dirigirnos a un lugar de rocas planas donde esperamos junto a cientos de turistas la siguiente erupción programada (sí, programada) del géiser conocido como "Old Faithful". Se supone que el nombre obedece al hecho de que se puede programar un reloj para calcular sus erupciones.

Antes de estudiar con quién se podía o no contar tras la muerte de Josué, definamos otra base sobre la cual podemos edificar nuestra comprensión sobre los libros de Jueces y Rut, con la ayuda de algunas preguntas.

¿Quién escribió los libros de Jueces y Rut? Puede que el profeta Samuel. La tradición judía atribuye la autoría a Samuel, ya que él vivió durante la época en la que tuvieron lugar

algunos de los sucesos relatados en estos dos libros de la Biblia (1 S. 10:25).

¿*Dónde* ocurrieron los sucesos relatados en Jueces y Rut? "La tierra prometida" es el escenario de ambos libros, la tierra de Canaán llamada posteriormente Israel. (Mira el mapa de la página 141).

¿*Cuándo* fueron escritos los dos libros? Es probable que Jueces haya sido escrito hacia comienzos del reinado de Saúl (cerca del 1045 a.C.) y después Rut, según el tiempo en que Samuel ungiera a David.

¿*Por qué* fueron escritos estos dos libros históricos? Ambos libros presentan una descripción cruda de la historia del pueblo de Dios durante un período de tres siglos. Jueces nos enseña que apartarnos del Señor acarrea serios castigos, y que volvernos a Él nos devuelve el gozo y el bienestar. Y Rut, el hermoso librito de Rut, señala a la obra redentora de nuestro Dios amoroso en la vida de tres personas que permanecieron firmes, íntegras y fieles a Él en medio de una sociedad que se hundía en la decadencia moral.

El mensaje de Dios…

1. Lee ahora el primer capítulo de Jueces. Marca aquí cuando hayas terminado: _____.

2. Para empezar nuestro estudio de esta lección *y* del libro de Jueces, escribe el suceso introductorio (v. 1).

   ¿Cuáles son las dos tribus israelitas que subieron para pelear contra los cananeos (vv. 3-4)?

En pocas palabras, ¿cuál fue el resultado (vv. 4-5)?

3. Cuando estas tribus conquistadoras avanzaron hacia el sur desde la ciudad de Jerusalén (v. 8) a las montañas (v. 10), ¿qué reto y qué promesa declaró Caleb (v. 12)?

¿Quién aceptó el reto de Caleb y cuál fue su recompensa (v. 13)?

¿Cuál fue la valiente y sabia petición de Acsa, hija de Caleb, para su padre (v. 15)?

4. ¿Cuál es el relato positivo que da la Biblia sobre Caleb (v. 20)?

¿Y cuál fue el relato de "la casa de José", que eran las tribus de Efraín y Manasés (vv. 22-25)?

En contraste a lo anterior, ¿cuál fue el relato negativo que presenta Dios acerca de las tribus de Israel en los siguientes versículos?

Judá (v. 19)

Benjamín (v. 21)

Manasés (v. 27)

Efraín (v. 29)

Zabulón (v. 30)

Aser (vv. 31-32)

Neftalí (v. 33)

Dan (v. 34)

...y la respuesta de tu corazón

Aprendamos de los personajes del libro de Jueces para continuar nuestra búsqueda de una vida de integridad como mujeres conformes al corazón de Dios.

- *Las tribus israelitas.* En pocas palabras, señala los rasgos negativos que mejor describen su carácter en general.

  Amada, observemos de cerca el fracaso, y las consecuencias del fracaso. ¿Qué dice Lucas 16:10 acerca de la fidelidad?

  ¿Hay muchas tareas, grandes o pequeñas, en las que has sido negligente ante Dios? ¿Hay algún papel que no hayas desempeñado a la altura del mandato y las exigencias de Dios? A manera de ejercicio de seguimiento, escribe ahora una lista de tareas que incluya los pasos que puedes y debes dar para completar lo que Dios te ha encomendado. Escribe en seguida tu situación personal y el reto que tienes por delante. Marca aquí cuando hayas terminado tu lista de tareas _____.

- *Caleb.* Caleb ha sido catalogado como "el israelita capaz", y como un hombre con una misión. En Jueces 1:20 observamos que Caleb fue uno de los pocos israelitas que cumplió hasta el final la misión de tomar posesión de la herencia y expulsar a los cananeos. En forma breve, señala los rasgos positivos que mejor describen el carácter de Caleb.

¿Qué aconseja Filipenses 3:13-14 acerca de culminar una tarea?

¿Qué informa Pablo al final de su vida en 2 Timoteo 4:7?

Ahora, ¿cuál es tu misión que parece imposible y cómo puedes seguir los pasos de Caleb que venció gigantes? No olvides anotar el primer paso que vas a dar.

- *Acsa.* Esta ingeniosa hija de Caleb poseía un ágil discernimiento. Al darse cuenta de que la tierra que ella recibió era inservible por falta de agua, hizo lo correcto: ¡pidió! Y pidió a la persona indicada: ¡a su padre! Anota brevemente las cualidades que mejor describen el carácter de Acsa.

¿Qué descripción de un ama de casa sabia aparece en Proverbios 31:27?

¿Cómo puedes seguir uno de los tres pasos siguientes para administrar el hogar con sabiduría?

Paso 1: *Velar.* ¿Cómo puedes hacer un mejor trabajo velando por tu hogar?

Paso 2: *Mejorar.* ¿Qué mejoras debes hacer en tu hogar?

Paso 3: *Pedir.* ¿Cómo puedes ser más constante en pedir a Dios sabiduría y a los demás su apoyo?

Cultiva una vida de integridad

¡Qué asombrosa lista de personas piadosas que cumplieron sus compromisos, responsabilidades, órdenes, y su palabra! Querida mujer conforme al corazón de Dios, ¿no te gustaría ver tu nombre en la lista junto al de Caleb, Acsa, y la mujer de Proverbios 31? La fidelidad es una cualidad que es fruto del Espíritu (Gá. 5:23), y se manifiesta cuando andamos por el Espíritu, caminamos en obediencia a Dios, y vivimos para servirle a Él y no a nosotras mismas. Dios recibe honra y los demás son bendecidos cuando tú y yo cumplimos con nuestra misión fielmente.

Lección 3

El escenario

Jueces 2:1—3:6

Como escritora procuro estar a atenta a la forma como otros escritores se comunican. Siempre estoy buscando ideas y modelos de estilo creativo. Bueno, este pasaje de las Escrituras sin duda me ha asombrado. ¿Por qué? Por la forma tan magistral como el autor del libro de Jueces presenta el escenario del libro con tanta información que abarca cientos de años en pocos versículos. ¿Quieres saber cómo lo hizo? En una palabra, con *repetición*.

En la lección de hoy tendremos una visión general de los acontecimientos posteriores que abarcan el período entre la conquista de la tierra al mando de Josué y el establecimiento de la monarquía. Lo que vas a leer describe la relación de Dios con su pueblo pecador durante el período de los jueces, de forma reiterada. A medida que estudias las lecciones de Jueces, recuerda que estás frente a descripciones repetidas de la *infidelidad* del pueblo de Dios, y de la *fidelidad* de Dios que sale al rescate de su pueblo. En pocas palabras, Jueces es la imagen de la infidelidad del hombre y de la fidelidad de Dios.

El mensaje de Dios...

1. Lee ahora Jueces 2:1—3:6. Marca aquí cuando hayas terminado: _____.

   Jueces 2:1-5. ¡Conoce a la persona más importante del libro de Jueces! ¿Quién es Él, cuál fue su mensaje para los israelitas, y cuál su medida para el comportamiento de ellos?

   (Una breve nota: la mayoría de los eruditos piensan que "el ángel del Señor" es una aparición del Señor Jesucristo previa a su encarnación. Dicha aparición se llama *Cristofanía*).

   Desobedecer a Dios acarrea siempre consecuencias. ¿Cuál dijo Dios que sería la consecuencia en este caso y cuál fue la respuesta del pueblo?

2. Jueces 2:6-9. Cuando lees estos versículos, ¿qué aprendes acerca de la influencia del liderazgo de Josué y de sus contemporáneos sobre el pueblo de Dios? ¿Cómo terminó el liderazgo de Josué?

3. Jueces 2:10-15. Describe lo que hizo la siguiente generación de israelitas y la respuesta de Dios a sus obras.

4. Jueces 2:16-19. Al fin presenciamos la institución del cargo de "juez". ¿Cuál era el papel y el propósito de los jueces y cómo los facultaba Dios?

   A pesar de lo anterior, ¿cuál fue la respuesta general del pueblo al liderazgo del juez?

5. Jueces 2:20-23. Escribe en pocas palabras la opinión de Dios respecto a su pueblo y las consecuencias de la indiferencia del pueblo hacia Él y hacia los jueces.

6. Jueces 3:1-6. De la manera más breve, anota lo que sucedió en estos versículos y por qué.

   Escribe también los pasos que tomó el pueblo de Dios para *alejarse* de Él y *doblegarse* al paganismo.

...y la respuesta de tu corazón

En medio de un texto con repeticiones y un panorama general, surgen temas que sobresalen y precisan una respuesta del corazón de la mujer conforme al corazón de Dios. Meditemos en algunos de ellos.

- *Enseña a tus hijos con toda diligencia* (2:10). Bastó una sola generación para que se perdiera la devoción a Dios. Para evitar que esto suceda, ¿qué mandato dio el Señor a los padres (Dt. 6:6-7)?

  En el Nuevo Testamento, ¿cómo se repite el mandato de enseñar a tus hijos en Efesios 6:4?

  Si eres madre, ¿qué puedes hacer *diariamente* para instruir a tus hijos en la fe cristiana? Ahora, ¿qué harás tú hoy?

- *No hagas concesiones con tu cultura* (Jue. 2:11-13; 3:5-7). Los israelitas permitieron que las naciones paganas vecinas los influenciaran, en vez de ellos aferrarse a las normas divinas. Lee 2 Corintios 6:14-18 y luego observa cómo puedes protegerte mejor contra las actitudes y las tentaciones del mundo.

- *Escucha a tus líderes* (2:16-17). En su gracia y fidelidad, Dios proveyó líderes para su pueblo. ¿Cuál fue la respuesta de ellos?

  Dios sigue fiel hasta hoy en proveer líderes para su pueblo. ¿Cuál es el mensaje de 1 Tesalonicenses 5:12-13 y Hebreos 13:7, 17 acerca de prestar atención a los líderes de tu iglesia? ¿De qué forma te ayuda a cultivar una vida de integridad el hecho de acatar su consejo?

- *Obedece la Palabra de Dios* (2:17-20; 3:4). Es obvio que los israelitas en tiempos de los jueces tenían problemas para obedecer los mandatos del Señor. Escribe un área de tu vida en la que puedes empezar a cultivar una vida de integridad marcada por la obediencia fiel.

Cultiva una vida de integridad

Se ha dicho que el carácter no está determinado por un solo acto, sino por múltiples decisiones que tomamos a diario. Los temas que hemos estudiado aquí son decisiones diarias que tú y yo debemos tomar. Mi querida amiga, hacerlo te permitirá destacarte como una buscadora fiel de un carácter piadoso.

Aún hay una cualidad vital y diaria de una vida de integridad:

- *Dar gracias a Dios por las pruebas de la vida* (2:22; 3:1-2, 4). Dios dejó muchos obstáculos en el camino de los israelitas, a fin de probar su fe.

  ¿Ha puesto Dios obstáculos en tu vida, como personas hostiles, situaciones difíciles, o problemas desconcertantes, para desarrollar más tu fe y obediencia?

  ¿Te detendrías ahora, con tu Biblia abierta en 1 Tesalonicenses 5:18, para agradecer a Dios por las pruebas de tu vida?

Lección 4

Conocer a los jueces

Jueces 3:7-31

Entre mis libros favoritos (aparte de la Biblia) están las biografías de los santos que nos han precedido. Lo son porque sus vidas revelan su carácter piadoso en tiempos buenos y malos. Los detalles de las pruebas que encontraron y las lecciones que aprendieron nos muestran cómo se desarrolló su carácter.

Hoy leemos las biografías de tres "jueces" que Dios levantó para liberar a su pueblo. El papel de un "juez" en el libro de Jueces corresponde al de un gobernador o un oficial que era un libertador o redentor del pueblo de Dios. Los jueces ejercían un liderazgo local y, a diferencia de lo que ocurre con la realeza, no dejaban sucesores.

Querida, Dios tiene lecciones poderosas sobre la vida de estos primeros tres jueces para enseñarnos hoy acerca del valor. Veamos ya quiénes son.

El mensaje de Dios...

1. Lee ahora Jueces 3:7-11. Marca aquí cuando hayas terminado: _____.

   En la lección anterior mencionamos el ciclo que se repite en la historia de Israel, y que vemos una y otra vez en el libro de Jueces. Ten presente este ciclo que se repite a lo largo de nuestro estudio.

   Pecado: Israel hizo lo malo a los ojos del Señor.

   Servidumbre: Dios los entregó a otra nación.

   Súplica: Israel clamó ayuda a Dios.

   Salvación: Dios envió un libertador, un juez.

2. Jueces 3:7-11. Escribe en qué versículos y en qué términos podemos encontrar:

   El pecado

   La servidumbre

   La súplica

   La salvación

3. Jueces 3:12-30. Escribe en qué versículos y en qué términos podemos encontrar:

   El pecado

   La servidumbre

   La súplica

   La salvación

4. Jueces 3:31. ¿Cómo se llama el tercer juez?

Ahora, completa la información acerca de estos tres jueces en la tabla que hay al final del libro. (En algunos casos no se completa toda la información requerida).

...y la respuesta de tu corazón

¡Ahora acerquémonos un poco más a este trío de jueces!

- *Otoniel.* Mira de nuevo Jueces 1:12-13. ¿Qué hemos aprendido acerca de este hombre íntegro? ¿Y de sus destrezas en la guerra y lazos familiares?

A partir de la información dada en Jueces 3:7-11, ¿cuál era la fuente de la capacidad de Otoniel? ¿Cuáles fueron los resultados de ese poder?

(Es útil saber que "el Espíritu del Señor vino sobre él" constituye una expresión usual del Antiguo Testamento, y que demuestra un acto particular de Dios mediante el cual confiere poder y sabiduría para la victoria.[5] En próximas lecciones, la misma frase se emplea respecto a otros jueces).

¿De qué manera te ayudan las siguientes promesas de Dios, como creyente del Nuevo Testamento, a enfrentar con valor tus propias batallas?

1 Corintios 15:57

2 Corintios 2:14

2 Corintios 9:8

Efesios 3:20

- *Aod.* Otoniel tenía una capacidad especial como hábil guerrero. Aod, por su parte, tenía una "discapacidad". ¿Qué detalles refieren los versículos 12-30 acerca de Aod?

Dios está dispuesto, y es poderoso… para usar nuestras características particulares para llevar a cabo su obra. En la época de Aod el hecho de ser zurdo se consideraba una debilidad, un impedimento físico, algo anormal. De hecho, la frase hebrea que se emplea en Jueces 3:15 para una persona zurda significa "impedido de la mano derecha".[6] Querida, ¿tienes alguna capacidad o discapacidad particular que puedas ofrecer a Dios para que Él la use para sus propósitos?

¡*Él* se glorificará cuando use lo que en *ti* parece debilidad para hacer una gran obra!

- *Samgar.* D. L. Moody, célebre pastor de tiempos pasados, escribió en el margen de su Biblia una lista de "Lo débil que se hizo fuerte".[7] En relación con Aod, esa debilidad que lo hizo fuerte fue su condición de zurdo, y respecto a Samgar, lo débil fue una aguijada de bueyes. ¿Qué pudo lograr Samgar con una aguijada de bueyes, una herramienta ordinaria que empleaban los campesinos?

Lee en Hechos 9:36-39 "la vida insignificante" de Dorcas. ¿Cuáles son las "pequeñas cosas", lo débil o lo insignificante de tu vida que el Señor podría usar hoy para que tú le sirvas?

No importa cuán débil sea el arma si Dios es quien dirige y fortalece el brazo. Una aguijada de bueyes, cuando a Dios le place, puede lograr más que la espada de Goliat. A veces, Dios decide trabajar con medios insólitos para que la excelencia del poder sea para Él.[8]

Cultiva una vida de integridad

Querida ¿cómo se perfila tu "biografía"? ¿Anhelas hacer cosas grandes, e incluso pequeñas, para Dios? ¿Deseas ser una mujer con un corazón valiente? Los tres jueces cuyas biografías acabamos de leer fueron personas comunes. No obstante, poseían un valor excepcional. Dios fortaleció sus debilidades, obró a través de sus limitaciones, y los facultó para hacer cosas grandes. A fin de seguir sus pasos agigantados de coraje, hagamos un pacto para cultivarlo:

...estudiando la Palabra de Dios (para comprender mejor la Fuente del coraje)

...apartándote del pecado (que debilita el coraje), y

...dando pasos de fe (que demuestren coraje)

Lección 5

Avivar a una nación

Jueces 4:1-24

Querida mujer conforme al corazón de Dios, dos apuntes del diario de Jim Elliot, mártir de los indígenas auca, nos muestran lo que significa tener un corazón totalmente rendido a Dios y a sus propósitos. Quiero compartir uno contigo en este momento, y otro al final de esta emocionante lección acerca de otra mujer conforme al corazón de Dios: Débora, una mujer cuya pasión y celo por Dios sirvieron para avivar a una nación. Luego veremos lo que avivó la vida de Débora.

> Dios hace de sus ministros llamas de fuego. ¿Soy yo inflamable? Dios, líbrame del temible amianto de "otras cosas". Satúrame del aceite de tu Espíritu para que yo pueda ser una llama. Hazme tu combustible, Lumbre de Dios.[9]

El mensaje de Dios…

1. Lee ahora Jueces 4:1-24 . Marca aquí cuando hayas terminado: ______.

2. Jueces 4:1-3. Teniendo en cuenta el ciclo de cuatro pasos que se repite en la historia de Israel (*pecado→ servidumbre→ súplica→ salvación*), escribe qué pasos de este ciclo observas en los versículos 1-3.

3. Jueces 4:4-9. Observa cómo la "salvación" de un juez vino a través de un personaje inusitado: ¡una mujer! ¿Cómo describe la Biblia a Débora y cuál fue su relación con el pueblo de Israel (v. 5)?

   ¿Quién fue Barac y cuál fue la profecía que pronunció Débora acerca de él? ¿Cuál fue la respuesta de Barac?

   (Una pequeña nota: algunos consideran que Barac fue uno de los jueces de Israel. Sin embargo, en nuestro estudio lo catalogaremos, junto a Caleb en el capítulo 1, como un comandante militar).

4. Jueces 4:10-16. Identifica los participantes del esfuerzo y la victoria colectiva de Israel.

5. Jueces 4:17-22. Ahora describe a Jael, otra participante clave del triunfo israelita, y lo que sucedió en su tienda. (Mira también el versículo 11).

6. Jueces 4:23-24. ¿Cuál fue el resultado final del esfuerzo de Israel?

...y la respuesta de tu corazón

Este estudio bíblico se titula *Cultiva una vida de integridad*. Fijémonos de nuevo en Débora y extraigamos las lecciones prácticas de su vida de integridad.

- *Débora, la profetisa.* Un profeta era alguien "inspirado por Dios para comunicar su voluntad para su pueblo y revelar a éste el futuro".[10] El término "profetisa" es muy poco frecuente en la Biblia. Busca los siguientes pasajes donde aprenderás acerca de algunas mujeres que profetizaron, anota sus nombres y cualquier detalle significativo de sus inusuales ministerios.

  Éxodo 15:19-21

  2 Reyes 22:11-14

  Lucas 2:22, 36-38

  Hechos 21:8-9

  Como podemos ver en estos pasajes, Dios puede, y usa con poder a las mujeres. Tal vez tú y yo no seamos usadas como lo fue Débora, pero piensa en cómo *podemos* serlo según el Nuevo Testamento.

  1 Timoteo 5:9-10

  Tito 2:3-5

¿Crees que guiar a una nación es más importante que amar a una familia? ¿Crees que velar por el pueblo de Dios es más importante que velar por tu familia y tu hogar? Lee de nuevo 1 Timoteo 5:6-10 y Tito 2:3-5, responde estas preguntas, y explica tus respuestas. Luego, toma aliento con la siguiente cita.

La mayor influencia que ejerce casi toda mujer sobre la sociedad consiste en criar hijos piadosos. Si una mujer es piadosa, y Dios escoge darle hijos a quienes ella educa en el conocimiento y el temor del Señor, ella ejercerá una influencia profunda sobre una nueva generación. Quizá los hombres ejerzan el liderazgo visible y evidente, pero las mujeres pueden ejercer tanta influencia como ellos de forma indirecta.[11]

- *Débora, la esposa.* Además de ser usada de manera sobresaliente por Dios en la historia, la liberación y la salvación de Israel, ¿qué más dice Jueces 4:4 sobre Débora?

Esta es una de mis frases favoritas:

Dios no tiene caminos más elevados
para quienes son infieles en sus caminos.

Si queremos ser una mujer como Débora, una mujer usada por Dios en gran manera, a quien se le confió una gran responsabilidad y un lugar eminente en el servicio del reino, primero debemos ser fieles a las instrucciones de Dios para nosotras como esposas, si somos casadas. Después de todo, Dios se glorifica cuando tú, como esposa...

...ayudas a tu esposo (Gn. 2:18)
...sigues a tu esposo (Ef. 5:22)
...respetas a tu esposo (Ef. 5:33), y
...amas a tu esposo (Tit. 2:4-5)

Escribe cualquier ajuste que debas hacer en tu papel de esposa, o en tu actitud hacia tu responsabilidad como esposa.

- *Débora, la juez.* Es indudable que Débora fue una gran mujer, una mujer dotada, y de sabiduría e influencia excepcionales. Y como la única mujer dentro del sobresaliente grupo de jueces, ella gobernó Israel con equidad, e impartió justicia y rectitud. ¿Qué cualidades te gustaría imitar de la vida de Débora y cómo puedes empezar a cultivarlas?

Cultiva una vida de integridad

Querida, hay otra característica emocionante del "corazón" de Débora. A continuación, el comentarista Herbert Lockyer también la describe como *Débora, la "instigadora"*.[12]

> Débora fue una instigadora eficaz que logró inquietar a Israel respecto a su baja condición espiritual... Ella levantó la nación de su letargo y desesperanza... Día tras día, alentó a quienes se reunían para escuchar sus palabras de sabiduría divina...

Amada, ¿cuán vehemente eres? o más bien ¿cuán "instigadora" eres? ¿Es intrépida tu devoción a Dios? ¿Es lo bastante fuerte para contagiar a otros? ¿Eres lo bastante valiente para proclamar la verdad y tan entusiasta que infundes en otros una fe intrépida? ¿O necesitas "avivar" tu fervor por las cosas del Señor? Oremos ahora con Jim Elliot: "Dios, te pido que avives las inútiles astillas de mi vida para que pueda arder para ti".[13]

Lección 6

Recordar la victoria

Jueces 5:1-31

¿Conoces la historia de la canción de homenaje a la bandera de los Estados Unidos? Sus palabras conmemoran la victoria de los norteamericanos sobre los británicos en 1812. Es una canción jubilosa cuyas palabras declaran que las bombas que estallaban en el aire demostraban que la bandera de los Estados Unidos seguía presente. Cada vez que cantamos esta canción revivimos un suceso histórico.

La Biblia también abunda en canciones conmemorativas. Podemos "oír" la canción que Moisés y su hermana Miriam entonaron tras la liberación de Israel del faraón (Éx. 15). David cantó cuando trajeron el arca a Jerusalén (1 Cr. 16). Ana se gozó en el Señor cantando (1 S. 2). La canción de María quedó plasmada en su magnificat (Lc. 1). Algunos dicen que Sara "cantó" la primera canción de cuna que se haya registrado, cuando al fin nació su pequeño Isaac (Gn. 21:6-7).

Preciosa hermana, afina entonces las cuerdas de tu corazón. Hoy tenemos el privilegio de escuchar una canción que nos comunica, muchos siglos después, los detalles de la gran victoria del pueblo de Dios sobre Jabín rey de Canaán. Oigamos, pues, el fugaz e inspirado relato de esta batalla de Israel contra los cananeos y que fue expresado en forma de canción.

El mensaje de Dios…

1. Lee ahora Jueces 5:1-31. Marca aquí cuando hayas terminado: ______.

2. Jueces 5:1-5. *Alabanza*. ¿A quién dirigieron Débora y Barac su cántico (vv. 2-3)?

3. Jueces 5:6-8. *Trasfondo*. Cuando Débora y Barac rememoraron las condiciones previas a la victoria de Dios sobre sus enemigos, ¿qué revelan acerca de la situación en Israel?

4. Jueces 5:9-18. *Protagonistas*. Esta larga sección del recuento que hace Débora de la batalla de Israel es una lista de las tribus de Israel que incluye tanto a los que participaron en la batalla, como a los que no. Vuelve a leer este pasaje con este dato en mente.

5. Jueces 5:19-22. *Prosperidad*. El Dios de Israel intervino a favor de su pueblo, desplegando incluso las fuerzas de la naturaleza en la "formación de batalla" contra los enemigos cananeos. Observa cuál fue el papel que desempeñaron…

   …las estrellas (v. 20)

   …el torrente de Cisón (v. 21)

6. Jueces 5:23-30. *Paralelo.* El predicador y maestro D. L. Moody llamó al versículo 23 "la maldición del que no hizo nada".[14] ¿Quién fue el que no hizo nada?

   A diferencia del anterior, ¿quién fue el que hizo "algo", algo grande, algo admirable y digno de alabanza (v. 24)?

   ¿Qué se profetizó en Jueces 4:9, y cómo se cumplió esa profecía?

   Aunque las acciones de Jael infringían todas las normas de hospitalidad de su época, a ella se le alaba por su celo por Israel en esta batalla contra su opresor. De hecho, se le venera y se le bendice como una heroína, una mujer extranjera que amó al Señor y fue instrumento para lograr la victoria de Dios sobre sus enemigos.

7. Jueces 5:31. *Oración.* ¡Contempla la hermosura de la esencia del versículo 31! ¿Cuál es la esperanza de esta oración que brota del corazón y de los labios de Débora y Barac?

8. Al final del capítulo 5 de Jueces encontramos una última pieza de información para completar nuestra tabla sobre los jueces. Llénala ahora.

...y la respuesta de tu corazón

Espero que puedas captar el significado, la dicha y el triunfo de esta canción conmemorativa. El Señor es bueno, sin duda, y su fidelidad para con su pueblo es eterna.

Atemos ahora algunos cabos sueltos del tapiz de la vida de integridad de Débora. En nuestra lección anterior empezamos a enumerar los papeles de Débora y sus cualidades. Admiramos a Débora: la profetisa, la esposa, la juez, y la instigadora. Terminemos ahora la lista.

- *Débora, la guerrera*. Cuando Débora pronunciaba sus animadas palabras de celo y su llamado a Israel a la batalla contra los enemigos de Dios, ¿qué hizo esta aguerrida mujer y juez (Jue. 4:10)?

  ¿Cómo terminó esa batalla (Jue. 4:15 y 23-24)?

  ¡Débora fue una valiente! No obstante, el punto principal aquí es: ¿cómo enfrentas *tú* los rigores de la batalla y los desafíos que Dios *te* envía? ¿Eres de aquellas que persevera? ¿Una mujer que prosigue hasta el final? ¿Alguien que ayuda y alienta a otros en sus luchas? ¡Esta es la respuesta de nuestro corazón, amiga! ¿De qué forma te inspira el carácter intrépido de Débora a permanecer firme y a confiar en el Señor? ¿Qué elemento de la vida de Débora puedes llevar a tu propia batalla?

- *Débora, la poetisa*. De Julio César se decía que "escribía con la misma destreza con la que batallaba".[15] Débora, la guerrera, salía a la guerra. Y cuando Dios le dio a Israel la victoria, del corazón rebosante de Débora brotaron alabanza y gratitud puras. Ella escribió un poema que exaltaba a su *Dios*, alentaba su *fe*, animaba a su *pueblo*... y que debe también motivar *tu* fe. Ella, al igual que César, escribía tan bien como batallaba.

  ¿Tienes alguna canción de adoración y alabanza predilecta que puedes usar para motivar tu fe en medio de las pruebas? Escribe aquí algunas de sus frases de aliento, y explica brevemente cómo te animan a mantenerte fiel y perseverar. Recuerda también comunicar esto a otros que necesitan ánimo.

- *Débora, "una madre en Israel"*. No sabemos si Débora fue madre o no, pero sabemos que se levantó como "una madre en Israel" (Jue. 5:7). Como madre, velaba por el bienestar del pueblo de Dios con un amor maternal, atendió sus temores, alentó su fe, y los guió en la dirección correcta, el camino de Dios.

  Querida ¿eres madre? A propósito de esta cualidad maternal de nuestra Débora, ¿cómo puedes tú guiar mejor a tu prole? ¿Cómo puedes conducirlos hacia la dirección buena y mejor? ¿Cómo puedes infundir mejor en ellos su deseo de seguir a Dios? Y si no eres madre, ¿cómo puedes servir a otros con el mismo espíritu maternal de Débora por medio de la disciplina, la enseñanza, y una vida ejemplar de integridad? Escribe ahora tu lista.

Cultiva una vida de integridad

Ahora que medito en Débora en este capítulo del libro de Jueces, hay una cualidad de su carácter que sobresale de manera especial: su profunda humildad. Débora fue una mujer cuyo único anhelo fue servir a Dios, y nunca dejó de reconocer a Dios en todo. Esto se evidencia en toda su canción conmemorativa.

¿Quién era el líder de Israel? Débora, la líder, dice que era Dios. ¿Quién peleó contra Jabín? Débora, la guerrera, dice que fue Dios. ¿Quién dio la victoria a Israel? Débora, la salvadora de Israel, dice que Dios le dio poder sobre los poderosos.

Débora escribió acerca del brillo más esplendoroso del sol fulgurante. Y, querida, la carrera de Débora fue realmente brillante. ¿Por qué? Porque su corazón fue humilde, fue un corazón puesto en Dios. Ella sirvió a Dios "al máximo" de su capacidad. Y peleó por el Señor "al máximo", con un cántico en sus labios y una espada en su mano.[16] Ella fue una roca... por su fe en Dios. Fue una guerrera... por su confianza en Dios. Fue poetisa... porque su corazón rebosaba de alabanza a Dios. Se convirtió en "madre" para su pueblo... porque se puso al servicio de Dios.

Entonces ¿cómo puedes tú alimentar un corazón humilde? Asegúrate de mantener un cántico de conmemoración en tu corazón, ¡una canción que recuerde las victorias que el Señor te ha dado!

Lección 7

Enfrentar tus temores

Jueces 6:1-40

El temor, descrito como un sentimiento de incomodidad o recelo, no siempre es algo negativo. Por ejemplo, en aras de nuestro instinto de conservación, los seres humanos estamos entrenados para temer a las personas, los lugares y las cosas que pueden hacernos daño. Hasta el gran apóstol Pablo hizo mención de sus propios "temores" en 1 de Corintios 2:3. Además, la Biblia habla de "el temor del Señor". Claro que *esta* clase de temor es sin duda algo bueno, es un respeto reverencial hacia nuestro Creador, lo cual es agradable al Señor y nos encamina correctamente. La Biblia también nos dice que debemos "huir" o temer el pecado. Esto también es positivo. Por lo tanto, el temor puede ser algo *bueno*.

Sin embargo, el temor también puede ser algo *malo*, cuando nos paraliza e impide actuar. Nuestra lección de hoy nos lleva a estudiar la batalla de un hombre contra sus temores, y nos muestra cómo Dios le ayudó a vencerlos y a hacer una obra poderosa para Él. Antes de conocerlo, sentemos primero las bases.

El mensaje de Dios...

1. Lee ahora Jueces 6:1-40. Marca aquí cuando hayas terminado: _____.

2. Jueces 6:1-10. Recuerda el ciclo de cuatro pasos de la historia de Israel (*pecado→ servidumbre→ súplica→ salvación*), y escribe qué pasos de dicho ciclo se cumplen aquí y en qué versículos.

   Describe las condiciones de vida del pueblo elegido de Dios en esta época, y por qué vivían de esa manera.

3. Jueces 6:11-27. Me gusta la descripción de Gedeón que dice: "pareciera ser el tipo de persona que ve más la mitad del vaso vacío y no la mitad que está llena".[17] Conozcámoslo ya.

   El llamado de Gedeón (vv. 11-14). ¿Dónde encontramos primero a Gedeón y qué hacía él cuando el ángel se le apareció?

   ¿Cómo llamó el ángel a Gedeón?

   ¿Qué conocimiento exacto de Dios poseía Gedeón, pero que carecía de una conclusión precisa?

   La indecisión de Gedeón (vv. 15-18). ¿Qué dudas manifestó Gedeón al ángel del Señor acerca de su llamado para salvar a Israel? Mientras meditas en esto, escribe las afirmaciones que hizo el ángel a Gedeón.

La respuesta de Gedeón (vv. 19-27). ¿De qué forma se manifestó la respuesta positiva de Gedeón al mensaje y llamado del ángel?

4. Jueces 6:28-40. Después que Gedeón se sintió convencido de su llamado, actuó de inmediato. Sin embargo, después de este acto inicial de valentía (vv. 28-35), ¿qué vemos que hizo Gedeón (vv. 36-40)?

   ¿De qué manera se reveló la paciencia del Señor en su trato con su indeciso siervo Gedeón?

...y la respuesta de tu corazón

- *Tu llamado.* Gedeón fue llamado para ser un juez y un guerrero. Como mujeres conformes al corazón de Dios, tú y yo también tenemos un llamado divino, y es un llamado *solemne.* Ahora lee Tito 2:3-5 y escribe cuál es el gran llamado de Dios para ti. Y no te afanes por pensar si eres casada o soltera. Solo busca el papel y las cualidades para los cuales nos llama Dios.

  Marca con un círculo o una estrella estos diez elementos fundamentales para una vida piadosa y en los cuales necesitas mejorar, y fija como meta hacer todo lo necesario para cultivar estas cualidades piadosas del carácter en tu vida.

- *Tu indecisión.* Gedeón fue indeciso para responder al llamado de Dios para su vida debido a un defecto sencillo: "El lenguaje de Gedeón... evidencia una *teología poco sólida*"[18] (cursivas añadidas). Él tenía una teología pobre acerca de la *Persona* de Dios, acerca de cómo usaba Dios a las *personas*, acerca de la *presencia* de Dios, y acerca de su *poder*.

¿Recuerdas una promesa que te haya dado Dios en su Palabra y que debas tener presente para reforzar algún punto débil de tu teología respecto a la fidelidad de Dios para contigo? Escríbela aquí.

Gedeón protestó diciendo: "Yo soy el menor" (Jue. 6:15). Pero Dios usa a personas comunes y corrientes como tú y como yo, y lo vemos a continuación:

Jacob... era un mentiroso.
José... era un esclavo.
Moisés... era un pastor de ovejas exiliado
(¡y un asesino!)
Gedeón... era un granjero.
Jefté... era el hijo de una prostituta.
Ana... era un ama de casa estéril.
David... era un pastorcito de ovejas y el último
hijo de la familia.
Esdras... era un escriba.
María... era una jovencita campesina.
Mateo... era un recaudador de impuestos.
Lucas... era un médico griego.
Pedro... era un pescador.[19]

Lee 1 Corintios 1:26-29 y 2 Corintios 12:9-10. ¿Estás de acuerdo o no en que la gracia y la provisión de Dios son lo bastante grandes para compensar lo que pueda faltarte? ¿Por qué?

- *Tu respuesta.* ¿Hay algún área de servicio a nuestro grande y maravilloso Dios al cual has dudado en responder por temor, mi querida amiga lectora? ¿Cómo pueden las verdades de la Palabra de Dios y el ejemplo de la vida de Gedeón ayudarte a enfrentar y combatir tus temores y responder activamente al llamado de Dios?

Cultiva una vida de integridad

Me encanta Gedeón, ¿y a ti? ¿Por qué me agrada? Porque me siento identificada con su carácter miedoso. ¡Y créeme que he sabido de *muchas* damas del Señor que tienen los mismos temores que yo! Déjame citar una carta que recibí esta misma semana.

> He anhelado dirigir un pequeño grupo… pero mis inseguridades me abruman, y siento que voy a fallar… una de las cosas que temo es… ¡puedes imaginar lo asustada que estoy!

Querida amiga, una forma segura de enfrentar nuestros temores es equiparnos y armarnos con el conocimiento y la seguridad que nos da la Palabra de Dios. Gedeón quería servir a Dios y quería conocer la voluntad de Dios. De ninguna manera quería asumir el liderazgo o salir a la batalla sin saber que era la voluntad expresa de Dios. Por eso Gedeón pidió a Dios una señal (o dos… o tres). Él me hace pensar en mi maestra de álgebra de la secundaria, que era de Missouri, el estado "en donde todo se demuestra". Uno de sus métodos de enseñanza en nuestros ejercicios orales era decirnos: "¡Demuéstramelo! Yo vengo del estado en donde todo se demuestra". Bueno, Gedeón decía sin cesar a Dios: "¡Demuéstramelo!". Él quería una prueba antes de ir a la batalla.

Sin embargo, amiga mía y hermana en el servicio a Dios, no busques probar al Señor como lo hizo Gedeón, ni pidas señales, ni extiendas un vellón para adquirir la valiosa cualidad de la valentía. No. La manera más segura de cultivar la valentía es nutrir tu conocimiento y tu fe en la Palabra de Dios. Entonces sabrás cuál es su voluntad para tu vida. Ese conocimiento te dará el valor para enfrentar y combatir tus temores.

Lección 8

Vivir al máximo de tu capacidad

Jueces 7:1—8:21

Una de mis citas favoritas empieza con estas palabras: "Un héroe no se propone serlo… simplemente es alguien que hizo lo que se requería".[20]

Gedeón, el granjero indeciso que sacaba vellones y que conocimos en la lección anterior fue un hombre que difícilmente se convertiría en héroe. Con todo, puesto que confió en Dios y Él lo facultó de manera gloriosa, hizo lo que se requería, y brilla como uno de los grandes héroes de la Biblia.

Al profundizar en la vida de Gedeón y observar a este sencillo pero fiel hombre desarrollando el máximo de su capacidad, recuerda 2 de Corintios 4:7, el cual nos dice que tú y yo no somos más que frágiles "vasos de barro". Por lo anterior, la excelencia del poder de Dios brilla al máximo cuando Él nos usa para hacer su obra.

El mensaje de Dios...

1. Lee ahora Jueces 7:1—8:21. Marca aquí cuando hayas terminado: _____.

2. Jueces 7:1-8. Para empezar nuestro estudio, busca Jueces 6:33 y mira lo que ocurre.

   ¿Con qué otro nombre era conocido Gedeón (Jue. 7:1)?

   Cuando Gedeón y sus guerreros se alistaban para enfrentar a los madianitas, ¿qué le dijo Dios, y por qué (v. 2)?

   ¿Cuál fue el primer grupo que fue desechado para ir a la batalla, y cuántos fueron desechados (v. 3)?

   ¿Cuál fue el siguiente mensaje del Señor (v. 4)?

   Dios ideó un examen. Describe en pocas palabras en qué consistía (v. 5) y cuáles fueron los resultados (v. 6).

   ¿Qué grupo aprobó el Señor, y cuántos lo conformaban (v. 7)?

3. Jueces 7:9-25. Cuando Dios le dio a Gedeón la palabra para alistarse a la batalla, ¿qué dispuso Dios en caso de que Gedeón tuviera miedo (v. 10)?

   Y, en efecto, ¿qué hizo Gedeón (v. 11), y qué oyeron él y su siervo (vv. 13 y 14)?

Describe en pocas palabras el plan de batalla de Gedeón y su resultado (vv. 16-22).

4. Jueces 8:1-21. ¿Cómo se concilió Gedeón con aquellos que protestaron (vv. 1-3)?

El recordatorio de Jueces 8 contiene detalles de la derrota de dos reyes, Zeba y Zalmuna. Dedica un minuto para anotar algunos detalles sobresalientes.

...y la respuesta de tu corazón

- *Dios dio la victoria.* Recuerda la "estrategia de batalla" y la "escena de la batalla" descritas en estos pasajes. ¿Qué detalles demuestran claramente que Dios dio la victoria?

- *Dios usó a unos pocos en lugar de muchos.* Dios redujo el ejército de Gedeón de 32.000 a 300 hombres. ¿Para qué? Para exhibir *su* gloria delante de todos los hombres. Es decir, *su* fuerza, y no la de un gran ejército, libró a su pueblo. Dios usó a un puñado de "vasos de barro" (2 Co. 4:7), tal cual eran, y también vasijas de barro de verdad. Dios dio la victoria de la manera más original y, por consiguiente, le correspondía la gloria. Ahora, ¿de qué manera el resultado de la "estrategia" y la "escena" de la batalla ilustran lo dicho en 1 de Corintios 1:27-29?

• *Dios animó a Gedeón.* Aunque Dios ya le había garantizado a Gedeón la victoria absoluta (Jue. 7:7), de todas formas lo fortaleció una vez más concediéndole una oportunidad más para ser afirmado en el poder y la victoria divinas (Jue. 7:9-11). Escribe algunas promesas de la Biblia que te confirman el poder y la victoria de Dios en tus "batallas".

Recuerda que Dios no dijo a Gedeón: "¡No temas!", sino "en caso de que temas...". Armado de la abundante seguridad de Dios, Gedeón prosiguió para dar el máximo de su capacidad y hacer cosas extraordinarias para Dios.

Cualquier persona que es usada *por* Dios puede lograr cosas extraordinarias *para* Él.[21]

Cultiva una vida de integridad

¿Cómo puede alguien vivir al máximo de su capacidad? En el caso de Gedeón, siervo de Dios y juez, *porque* el Señor le dio la victoria y la fuerza para surgir como valiente líder y guerrero.

El comienzo de Gedeón fue lento y tímido. Pero no puede negarse que una vez dentro del plan, se mantuvo hasta el final. Lo dio todo de sí. Y, como hemos visto en estas pocas lecciones acerca de Gedeón, sus actos llevan el sello de la obediencia inmediata y absoluta. Sí, puede que nuestro Gedeón haya tardado en convencerse, pero sin duda hizo su trabajo, ¡y con todo poder! Su comportamiento hizo honor al saludo del ángel del Señor, "varón esforzado y valiente" (Jue. 6:12). Dios vio algo en Gedeón, su potencial, y en su vida lo vemos desarrollado al máximo. El Señor tomó un temeroso y cobarde y lo transformó en un poderoso hombre de valor.

Ahora, querida mujer conforme al corazón de Dios, ¿a cuál tarea que parece imposible te ha llamado Dios para que tú también vivas al máximo de tu potencial?

Lección 9

Un final decepcionante

Jueces 8:22—9:57

En nuestro vistazo final de la vida del juez Gedeón, nos entristece ver una mancha que empaña su excelente carácter que lo caracterizó en las dos lecciones anteriores. En este pasaje, descubrimos que Gedeón engendró un hijo fruto de una relación sexual fuera del matrimonio, el cual causó estragos tanto en la familia de Gedeón como en la nación de Israel. También vemos que Gedeón, como padre, fue incapaz de mantener a su familia en los caminos del Señor.

Querida, lo que está escrito aquí acerca de Gedeón ¡nos sirve como una enérgica advertencia!

> Tal vez sea más fácil honrar a Dios en alguna acción valiente siendo protagonista en un momento de emergencia nacional que honrarlo a diario en la rutina de la vida, lo cual precisa otra clase de valentía. Gedeón, que superó airoso la prueba de la adversidad, no fue el primero ni el último en quedarse corto en la prueba de la prosperidad.[22]

El mensaje de Dios…

Hasta ahora sabemos que Gedeón iba bien. Es cierto, tardó en reaccionar, pero tan pronto se fortaleció en su fe, empezó a cumplir con valentía su llamado como juez de Dios. Veamos ahora el siguiente (y último) capítulo de la vida de Gedeón, una vida que empezó bien… y terminó mal.

1. Lee ahora Jueces 8:22—9:57. Marca aquí cuando hayas terminado: _____.

2. Jueces 8:22-23. ¿Qué honor le otorgó el pueblo a Gedeón, cuál fue su respuesta y por qué?

3. Jueces 8:24-35. Esto sí es un final contradictorio. ¿Cuál fue el acto confuso e inexplicable que cometió Gedeón (vv. 24-27) y qué repercusiones tuvo sobre él mismo, su familia y el pueblo de Dios?

   (Para comprender este pasaje conviene saber que un efod era una prenda que usaba por lo general el sumo sacerdote de Israel, y que estaba hecho de materiales finos, con oro y piedras preciosas).

¿Cuál fue el balance general del liderazgo de Gedeón como juez (v. 28)?

Anota detalles de los últimos hechos de Gedeón y su familia, tanto buenos como malos (vv. 29-32).

Tal como sucedió después del período de cada juez, ¿qué hicieron los israelitas después de la muerte de Gedeón (vv. 33-35)?

4. Ahora, completa la información que falta en la tabla de la historia de los jueces de Israel al final del libro.

5. Jueces 9:1-57. Cuando leas este desalentador capítulo de la Biblia, recuerda que se trata de un período decadente (y deprimente) de la historia del pueblo de Dios. Muchos eruditos señalan que Jueces 21:25 es el versículo clave del libro de Jueces. Transcribe este versículo.

   Teniendo en cuenta este trasfondo, no resulta sorprendente que la confusión reinara con frecuencia, como vemos en este capítulo a modo de paréntesis acerca del ambicioso Abimelec. ¿Quién era Abimelec (Jue. 8:31) y cuál era su origen?

   (También vale recordar en nuestro estudio de los jueces de Israel que Abimelec no fue un juez, sino un líder usurpador rebelde e indómito que provocó la guerra civil).

   Después de analizar los escabrosos detalles de Jueces 9, escribe el versículo 56, que es tal vez el versículo clave de este capítulo.

...y la respuesta de tu corazón

- Antes de hablar de la vida de Gedeón, medita y escribe lo que te enseña Jueces 9:56-57 acerca de...

...los que hacen lo malo

...el carácter de Dios

- Llena los espacios en blanco y compara el carácter de este padre e hijo.

__________________ no ambicionaba ser rey, pero

__________________ sí.

__________________ no aceptaría la corona, pero

__________________ sí.

__________________ guió al pueblo hacia Dios.

__________________ alejó al pueblo de Dios.

¿Qué te enseña esta comparación acerca de...

...la ambición?

...el orgullo?

...el carácter?

- No hay que negar que:

Gedeón fue valiente. ¿Cuál fue la fuente de su valentía y cómo puedes tú tenerla también?

Gedeón fue consagrado. Se convirtió en siervo de Dios. ¿Cuál es tu área de servicio? ¿Es el campo de batalla del hogar, la iglesia, o la comunidad? Explica tu respuesta.

Gedeón fue alguien comprometido. Una vez que empezó la carrera, la llevó hasta el final. ¿Puede decirse lo mismo de ti, querida? ¿O hay algo que te frena?

Gedeón fue transformado. Por el poder transformador de Dios, pasó de ser un granjero a ser un guerrero y un personaje de justicia. Escribe algunos cambios que han ocurrido en tu vida desde que te hiciste cristiana.

Gedeón fue ingenioso. Lo fue como brillante estratega militar. ¿Para qué te ha dotado Dios? (¡Y no olvides darle gracias!)

Gedeón fue tenido por digno de ser incluido entre los grandes hombres de Dios. ¿Qué dice Hebreos 11:32-33 acerca de Gedeón? ¿Quiénes fueron sus coetáneos?

Querida, esta es la palabra final de Dios acerca de su siervo Gedeón. Esto fue lo que Dios escribió en su epitafio, por así decirlo. Así pues, querida, ¡asegúrate de cultivar tu fe con la misma diligencia y el mismo cuidado con que cultivas tu carácter!

Cultiva una vida de integridad

Al concluir este triste episodio de la vida de un hombre de gran valor, hay una lección que sobresale: ¡cultivar una vida de integridad es una tarea de nunca acabar! Como mujeres conformes al corazón de Dios nunca podemos bajar la guardia en nuestra búsqueda de la integridad. Debemos estar siempre alerta para no permitir mancha alguna en nuestro carácter. El nombre de Dios está en juego, al igual que el futuro de nuestra familia. Toma la determinación (por la gracia de Dios) de terminar bien.

Lección 10

Responder al llamado de Dios

Jueces 10:1-8

Una vez leí un libro titulado *It Takes So Little to Be Above Average* [Es fácil ser sobresaliente].[23] Me gustó el título y, amiga mía, es indudable que se relaciona con este capítulo de la Palabra de Dios. Aquí veremos dos "héroes" insospechados, dos hombres normales, dos jueces y personajes de poca importancia que simplemente respondieron al llamado de Dios. En la época sombría de los jueces y en medio de la apostasía reinante del pueblo de Dios, estos hombres, hombres corrientes, se levantaron "para librar a Israel" (Jue. 10:1).

Aprendamos algunas lecciones positivas del ejemplo de estos dos jueces y algunas que no lo son tanto del hábito pecaminoso que siguieron los israelitas.

El mensaje de Dios...

Hay quienes han apodado este capítulo de la Biblia como "lectura aburrida". Sin embargo, cuando leas los siguientes 18 versículos, recuerda lo que dice 2 Timoteo 3:16-17: "Toda la Escritura es inspirada por Dios, y útil para enseñar, para redargüir, para corregir, para instruir en justicia, a fin de que el hombre [o mujer] de Dios sea perfecto, enteramente preparado para toda buena obra". Con estas palabras en mente, estudiemos el gobierno de dos jueces más que son considerados "menores" debido a la escasa descripción de su vida y liderazgo.

1. Lee ahora Jueces 10:1-18. Marca aquí cuando hayas terminado: _____.

2. Jueces 10:1-2. ¿Quién fue el siguiente juez de Israel y qué se dijo acerca de este hombre?

3. Jueces 10:3-5. ¿Quién sucedió a Tola y qué se dijo acerca de él?

4. Jueces 10:6-18. Mira de nuevo la lección 3 y escribe el ciclo repetitivo y continuo que caracterizó la historia de Israel.

   ¿Cómo pecó Israel esta vez (v. 6)?

   ¿Cuál fue el resultado (v. 7)?

   ¿Cuánto duró la servidumbre de Israel en esta ocasión (v. 8)?

   Cuando el pueblo de Dios finalmente clamó a Dios, ¿qué respondió Él (vv. 10-14)?

¿Cómo respondió el pueblo en...

...el versículo 15?

...el versículo 16?

¿Cuál fue el resultado de estas palabras y acciones (v. 16)?

Cuando los israelitas se juntaron para la guerra, ¿cuál fue su clamor (v. 18)?

5. Ahora, completa la información sobre estos dos jueces en la tabla que hay al final del libro.

...y la respuesta de tu corazón

- *Tola.* Al centrarnos en los verbos de los dos versículos que describen a Tola y su papel como juez, podemos suponer que fue un hombre que hizo lo que se le pidió y cumplió su cometido. Si Dios escribiera dos frases acerca de tu vida y tu servicio a Él, ¿qué revelarían acerca de...

  ...tu fidelidad a Él?

  ...tu disposición a cumplir las responsabilidades que Él te ha encomendado?

¿Hay algo que debas hacer para mejorar esta descripción acerca de tu vida? Anota aquí tu respuesta.

- *Jair.* Este hombre también respondió al llamado de Dios. Y también cumplió con la tarea que se le encomendó. Es evidente que era un hombre pudiente, y que su riqueza no afectó a su disposición para servir a Dios y a su pueblo.

  La Palabra de Dios nos habla acerca de la actitud que debemos tener hacia las riquezas y el dinero. ¿Qué instrucción da 1 Timoteo 6:17-19?

  Según Hechos 16:15 y 40, ¿cómo sirvió Lidia al Señor y a su pueblo con su casa y sus riquezas?

  Ahora, ¿qué piensas de *tus* posesiones y cómo las usas para el pueblo de Dios y sus propósitos?

- *El pueblo de Dios.* El pueblo de Dios esperó ___ años (completa el espacio según lo que dice el versículo 8) para reconocer su pecado y responder a Dios. ¿No te escandaliza lo que tardaron, su transigencia… y su obediencia? No obstante, conviene más bien que nos cuestionemos: "¿Cuánto *me* demoro por lo general en reconocer *mi* pecado?" y "¿hay algún pecado que deba confesar ahora mismo?". Escribe ya tus respuestas.

  ¿Qué aprendemos acerca del carácter de Dios según este pasaje de la Biblia?

¿Qué dice Proverbios 28:13 acerca de confesar o de ocultar el pecado?

Cultiva una vida de integridad

¡Qué contraste! La fidelidad de unos pocos y la transigencia de muchos. Que tú y yo nos unamos a la minoría que respondió a Dios con una vida de fidelidad a Él en medio de una sociedad tolerante con el pecado. Que tú y yo seamos prontas en detectar el pecado, confesarlo, abandonarlo, y en comprender la gravedad del mismo. ¿Por qué? Porque...

Nuestro pecado más abominable no es la ofensa cometida, sino el hecho de que ésta nos incapacite para llevar a cabo la función suprema de glorificar a Dios.[24]

Lección 11

Vencer el rechazo

Jueces 11:1-40

Esto es lo que yo llamo un "pasaje rosa" de la Biblia, que habla de una mujer y tiene enseñanzas para mujeres. Yo acostumbro resaltar estos pasajes con un marcador fluorescente color rosa, para que sobresalga cada vez que lo leo. Y este pasaje de hoy sobresale por más de una razón.

A medida que escudriñamos los sucesos descritos en este capítulo, y nos centramos en la hija de Jefté, debes tener algo presente: el hecho contundente de que los enemigos de Dios fueron derrotados y que Dios usó a Jefté para lograr esa victoria. Sin importar nuestras conjeturas acerca de este pasaje de las Escrituras, Dios puso a Jefté en su lista de los grandes hombres y mujeres de fe en Hebreos 11:32.

Ahora, ¡adelante!

El mensaje de Dios…

1. Lee ahora Jueces 11:1-40. Marca aquí cuando hayas terminado: _____.

2. Ahora, escribe el último versículo de Jueces 10. ¿Cuál era el clamor del pueblo?

3. Jueces 11:1-11. Escribe lo que dicen los siguientes versículos acerca de Jefté, el siguiente juez que Dios usó…

   …en el versículo 1

   …en el versículo 6

   …en el versículo 11

4. Jueces 11:12-28. Estos versículos destacan las negociaciones entre Israel y Amón sobre el territorio que cada uno creía suyo por derecho. Aquí vemos al "esforzado y valeroso" Jefté que, como hombre de estado, procura evitar la guerra. ¿Cuáles fueron los resultados de su esfuerzo (v. 28)?

5. Jueces 11:29-33. Hay tres hechos revelados en estos pocos versículos. Anota cuáles son.

   Versículo 29

   Versículos 30-31

   Versículos 32-33

6. Jueces 11:34-40. ¿Qué nuevo personaje encuentras aquí y qué aprendes acerca de él?

...y la respuesta de tu corazón

- *La victoria de Jefté.* ¿Qué evidencia encuentras de la intervención de Dios en la victoria de Jefté?

  Me gusta este comentario acerca de Jefté: "Jefté, un hijo ilegítimo de Galaad, fue expulsado del país por sus medio hermanos. Sufrió las consecuencias de la decisión de otro, mas no por una falta que él hubiera cometido. Y aun a pesar del rechazo de sus hermanos, Dios lo usó. Si tú sufres rechazo injustamente, no culpes a otros ni te desalientes. Recuerda cómo Dios usó a Jefté a pesar de las circunstancias injustas, y comprende que Él también es poderoso para usarte".[25]

  ¿Qué "rechazo" puedes poner ahora en las manos poderosas de Dios? ¿Qué pasos puedes dar para avanzar en tu vida y crecimiento espiritual?

- *El voto de Jefté.* Por desdicha, el voto de Jefté le costó más de lo que él hubiera imaginado. ¿Qué nos advierte Proverbios 20:25 acerca de hacer votos?

- *La hija de Jefté.* ¡Ay, querida! Estamos seguras de que Jefté nunca imaginó que su voto apresurado afectaría a su hija única, su preciosa hija. Pero este es un estudio acerca de una vida de integridad. Y aquí vemos dos personas que tuvieron una vida semejante. Como alguien comentó:

> Tu carácter no se forma en una crisis,
> se demuestra en ella.[26]

¿Qué sucedió exactamente aquí en los versículos 34-40? ¿Qué describe realmente este pasaje? Incluso los eruditos discrepan respecto a dos escenarios posibles: 1) Jefté sacrificó a su hija como un holocausto humano. 2) Jefté cumplió su voto mediante la virginidad perpetua de su hija, es decir, que ella nunca se casó y murió sin hijos, dejando así a Jefté sin descendencia puesto que era su única hija.

Querida lectora, no sabemos lo que sucedió, pero sabemos que la hija de Jefté constituye un ejemplo extraordinario de una mujer conforme al corazón de Dios, una mujer que reverenció al Señor, al igual que la solemnidad y carácter sagrado de un voto hecho ante Él. Esta es mi lista de algunas de las muchas evidencias de su carácter:

- ✓ Ella se gozó y celebró la victoria de su padre. Estaba orgullosa de él y de sus logros en el cumplimiento de los propósitos de Dios.
- ✓ Estuvo de acuerdo con su padre en creer que el voto debía cumplirse.
- ✓ Animó a su padre en su dolor.
- ✓ Dedicó tiempo para prepararse y cumplir lo que suponía el cumplimiento del voto que hizo su padre.
- ✓ Tenía un grupo de amigas con quienes pudo compartir su tiempo de prueba.
- ✓ Impresionó a la nación de Israel, la cual no olvidó su carácter.

Ahora es tu turno. Escribe una lista de cualidades del carácter y características piadosas que describen a la hija de Jefté. Luego, examina cuáles debes cultivar más para que tu vida también sea un extraordinario ejemplo de integridad.

Cultiva una vida de integridad

Mientras estoy aquí sentada recordando este extraño capítulo, no puedo evitar fijarme en al menos cinco brillantes "diamantes en la arena" que encuentro en el carácter de Jefté y de su hija.

- Cumplieron su palabra
- Honraron sus votos
- Demostraron gran fe
- Vencieron grandes obstáculos
- Influyeron sobre su nación

Que estas cualidades extraordinarias del carácter de Jefté y de su noble y valiente hija sean para ti y para mí joyas preciosas en nuestra búsqueda de una vida de integridad. Como dijo un famoso consejero actual en su programa radial de un minuto: "¡El carácter cuenta!".

Lección 12

Enfrentar la disensión

Jueces 12:1-15

¡Victoria! ¡Fue ahí donde quedamos en nuestra lección pasada! Jefté, por el poder del Espíritu del Señor (Jue. 11:29), guió al pueblo de Dios a una gran victoria sobre los amonitas. Podrías suponer que esa victoria uniría a las fragmentadas tribus de Israel, ¿no es así? Pero, como veremos en esta lección, sucedió lo contrario: la victoria de Jefté trajo disensión en lugar de celebración.

Querida, tenemos dos lecciones por delante:

1. Entender las causas y las consecuencias de la disensión, y

2. Entender cómo tratar esas causas y consecuencias en nuestro propio corazón.

Ahora, ¿estás lista para aprender a enfrentar la disensión? ¡Entonces lee lo que sigue!

El mensaje de Dios...

1. Lee ahora Jueces 12:1-15. Marca aquí cuando hayas terminado: _____.

2. Jueces 12:1-7. Revisa de nuevo Jueces 8:1-3. Es evidente que la tribu norteña de Efraín está de nuevo en problemas. ¿Qué semejanzas observas en sus dos motivos de queja?

   ¿Qué ocurrió después que Jefté defendiera su posición (v. 4)?

   ¿Qué sucedió al final, según el versículo 7?

3. Jueces 12:8-10. Después de caminar junto a Jefté, un personaje principal, vamos a examinar ahora la vida y el reinado de otros tres jueces "menores". Estos líderes fueron importantes para Dios y para su pueblo, aunque se dice muy poco acerca de ellos. ¿Quién fue el siguiente juez de Israel y qué se dice acerca de este hombre?

4. Jueces 12:11-12. ¿Quién fue el siguiente juez de Israel y qué se dice acerca de este hombre?

5. Jueces 12:13-15. ¿Y quién fue el siguiente juez de Israel y qué se dice acerca de este hombre?

6. Ahora, completa la información en la tabla acerca de estos cuatro jueces, al final del libro.

...y la respuesta de tu corazón

- *Jefté.* ¡Mira nada más lo costoso que resultan las riñas insignificantes y la envidia en el pueblo de Dios! Es evidente que "la última amenaza de la tribu de Efraín fue su envidia por el éxito de Jefté, y quizá la codicia por tener parte en su botín".[27]

- ¿Qué nos enseñan estos versículos acerca de la contienda, la envidia y los celos? Escribe también la solución para enfrentar estos pecados destructivos.
  Proverbios 14:30

  Proverbios 15:18

  Proverbios 26:20-21

  Proverbios 27:4

  Proverbios 29:22

  Ahora, ¿cómo puedes *tú* evitar peleas vanas? ¿Cómo puedes evitar que otros participen en ellas o las provoquen?

  ¿Qué puedes hacer para mantener un corazón puro frente al éxito de los demás?

¿Qué es la envidia?

Shakespeare llamó a la envidia "la enfermedad verde". Bacon reconoció que "no tiene días festivos". Horacio declaró que "los tiranos jamás inventaron mayor suplicio". Barrie dijo que "es el vicio más destructivo". Sheridan se refirió a ella en una obra: "No hay pasión más arraigada en el corazón humano que esta". Philip Bailey la describió como "una capa ardiente movida desde el infierno".[28]

- *Ibzán, Elón, y Abdón.* Aquí aparecen de nuevo tres hombres comunes, personajes secundarios que se pusieron a disposición de Dios, respondieron a su llamado, y fueron usados por Él. ¿Qué cualidades de carácter estaban presentes en sus vidas según estas descripciones? ¿Qué se puede decir de ti? ¿Eres también una mujer normal dispuesta a ser usada por Dios? ¿Hay alguna parte de esta descripción que falte en tu vida? ¿Qué harás al respecto?

Cultiva una vida de integridad

¿Recuerdas el comienzo de nuestro estudio del libro de Jueces? Ya se nos había advertido que Jueces es un libro misterioso de la Biblia. Hay mucho en él que nos desconcierta. Y hay mucho aquí (y más adelante) que nos horroriza. Los héroes de Dios no siempre demostraron una conducta ejemplar. Sin embargo, vivieron y juzgaron en tiempos de oscuridad espiritual, como lo es cualquier momento en el que decidimos hacer "lo que es recto ante nuestros propios ojos" en vez de ser mujeres conformes al corazón de Dios cuyo deseo es cumplir con toda la voluntad de Dios.

No obstante, la vida de Jefté nos deja un rayo de esperanza al acabar Jueces 12. Al final, vemos que las cualidades de liderazgo de Jefté fueron visibles a lo largo de su turbulenta vida, una vida que no empezó bien. Bajo su liderazgo, el pueblo de Dios experimentó una victoria tras otra sobre sus enemigos.

Amada, cualquiera que sea la situación en la que te encuentras hoy, sean tiempos turbulentos, disensiones, o días oscuros, deseo que tu vida de admirable integridad brille plenamente y glorifique al Señor. Recuerda...

> Sabemos acerca de nuestro mundo malvado, pero en realidad es un mundo ideal para los propósitos de Dios de construir nuestro carácter.[29]

Lección 13

Recibir dirección

Jueces 13:1-25

Bueno y recto es Jehová; por tanto,
él enseñará a los pecadores el camino.
Encaminará a los humildes por el juicio,
y enseñará a los mansos su carrera.
SALMO 25:8-9

Vas a alegrarte con este nuevo pasaje de las Escrituras, te parecerá inocente y reconfortante (comparado con la confusión y el oscurantismo anteriores). Es la historia de una pareja conforme al corazón de Dios, una pareja humilde que quiso hacer algo grandioso de la manera correcta, a la manera de Dios. Él les encomendó una tarea inmensa, y temieron estropearla, por lo que anhelaron recibir la dirección de Dios para conocer su voluntad.

Ah, por cierto, este es otro "pasaje rosa" que nos presenta a otra estupenda mujer de la Biblia.

El mensaje de Dios...

1. Lee ahora Jueces 13:1-25. Marca aquí cuando hayas terminado: _____.

2. Jueces 13:1-7. Como de costumbre, ¿cuál era la condición espiritual de los hijos de Israel (v. 1)?

   ¿Cuáles son las dos personas que encontramos en el versículo 2 y los detalles acerca de sus vidas?

   ¿Qué acontecimiento y anuncio asombroso se menciona en los versículos 3-5? Además, ¿qué instrucciones fueron impartidas y por qué este niño sería tan importante?

3. Jueces 13:8-23. ¿Cuál era la esencia de la oración de Manoa en el versículo 8 y cómo contestó Dios su petición (v. 9)?

   Describe en pocas palabras lo que sucedió en...

   ...los versículos 9-12

   ...los versículos 13-14

   ...los versículos 15-21

   ...los versículos 22-23

4. Jueces 13:24-25. ¡Por fin esta pareja solitaria tiene un bebé! ¿Quién era él y qué aprendes acerca de la obra de Dios en su vida?

...y la respuesta de tu corazón

- *El voto nazareo.* El comienzo de Sansón fue notoriamente distinto al de cualquier otro juez. Empezó con un anuncio milagroso e instrucciones precisas: Sansón debía ser un "nazareo a Dios desde su nacimiento" (v. 5), lo cual suponía que su madre también debía hacer un voto nazareo hasta el nacimiento del niño. Un nazareo (que quiere decir *separado*) era alguien que era apartado por completo para el Señor. Lee Números 6:2-8 y escribe de forma breve las tres prohibiciones que comprendía el voto nazareo:

  Prohibición 1 (v. 3)

  Prohibición 2 (v. 5)

  Prohibición 3 (v. 6)

  Solo por diversión, mira dos madres más que hicieron el voto nazareo, y anota el nombre de sus célebres hijos:

  Ana en 1 Samuel 1:11, 20
  Elisabet en Lucas 1:13-15, 60

- *La esposa de Manoa.* En la esposa de Manoa encontramos una *mujer* de verdadera integridad. ¿Cómo se revela su integridad en estos tres aspectos básicos de la vida?

  Dios / adoración

  Matrimonio / esposa

  Familia / maternidad

- *Manoa.* Vemos que Manoa era un hombre verdaderamente íntegro. ¿Cómo se revela su integridad en estos tres aspectos fundamentales de la vida?

Dios / adoración

Matrimonio / esposo

Familia / paternidad

Después de admirar las bellas cualidades del carácter de Manoa y de su esposa, escribe una cualidad que tú desearías adoptar a partir de su ejemplo y cultivar en tus propias relaciones, a saber:

Dios / adoración

Matrimonio / esposa

Familia / maternidad

- *El ángel del Señor*. Esta prodigiosa aparición fue de un ser divino enviado por Dios, o una verdadera aparición de Jesucristo previa a su encarnación. Cuando esta querida pareja preguntó "¿cuál es tu nombre?" (v. 17) ¿qué contestó el ángel (v. 18)?

¿Qué dice Proverbios 31:30 acerca de la actitud de una mujer hacia Dios?

¿Cómo manifestaron Manoa y su mujer su temor del Señor?

¿Cómo puedes tú perfeccionar tu actitud hacia Dios, tu reverencia y tu adoración a Él?

- *Sansón.* Con respecto a la vida de Sansón y al voto nazareo, ten presente que un voto lo separó para el servicio a Dios, y que era un voto que debía observarse toda su vida. Eso significaba que Sansón no podía beber ni tomar fruto alguno de la vid, ni cortar su cabello, ni tocar algo muerto.

Cultiva una vida de integridad

Querida, nuestra integridad comienza por nuestra fe. La esposa de Manoa no hizo preguntas, no pidió señales, y no dio muestra alguna de duda. Respondió con el parco y precioso silencio de alguien que cree.

La integridad también busca la dirección de Dios. ¿Por qué no tomas algo de la vida de esta pareja sencilla pero extraordinaria, y buscas de todo corazón la dirección de Dios para tus múltiples decisiones? ¡Dios dirige al humilde y le enseña sus caminos!

Lección 14

Cumplimiento de una promesa

Jueces 14:1—15:20

¿No te pareció hermosa la lección anterior? Manoa y su esposa son una pareja de extraordinaria integridad a quienes Dios escogió para traer al siguiente juez al mundo. Su lista de virtudes y cualidades ejemplares es larga. Al igual que Elisabet y Zacarías (Lc. 1:6), esta pareja halló sin duda el favor delante de Dios.

Es probable que Manoa y su mujer hayan disfrutado muchos años maravillosos criando y disfrutando del hijo anhelado por tanto tiempo. Sin embargo, y por desgracia, algo que empezó tan bien con dos visitas prodigiosas del ángel del Señor, no continuó en esa dirección.

Cuando leas este extraño pasaje de la Biblia, recuerda que estos sucesos tuvieron lugar durante un tiempo en el cual reinaba la confusión. Recuerda también que "todos los jueces fueron individualistas; la mayoría de ellos tenían defectos de carácter. No obstante, debe reconocerse que en medio de un grupo de individuos tan particulares, Sansón era un caso aparte".[30]

A pesar de los detalles lamentables y las imprudencias que se conocen del liderazgo de Sansón como juez del pueblo de Dios, hay una luz deslumbrante que surge del halo de misterio: Dios obraba, a pesar de la vasija que usaba, para cumplir su promesa dada a la madre de Sansón (Jue. 13:5).

El mensaje de Dios…

1. Lee ahora Jueces 14:1—15:20. Marca aquí cuando hayas terminado: _____.

   Luego, transcribe la declaración final de Dios que aparece en Jueces 13:5 para ver cómo cumple Dios una promesa en estos capítulos.

2. Jueces 14:1-20. En la primera sección del capítulo 14 (vv. 1-4), Sansón llega a cierta edad y desea tener una esposa. Describe los detalles de estos versículos y la conclusión del versículo 4.

   Mira ahora los versículos 5-14. ¿Qué le permitió el Espíritu de Dios hacer a Sansón (v. 6)? Además, cuando Sansón quiso presumir, ¿qué planteó a los filisteos (vv. 12-13)?

   En los versículos 15-20, ¿cómo usaron los filisteos a la esposa filistea de Sansón en contra suya (v. 15)? ¿Cuáles fueron los resultados (vv. 19-20)?

3. Jueces 15:1-20. De la manera más concisa posible, describe la escena en…

   …los versículos 1-2

   …los versículos 3-6

   …los versículos 7-8

   …los versículos 9-13

   …los versículos 14-19

   …el versículo 20

4. Un hecho notable del liderazgo de Sansón como juez es que en ninguna ocasión aparece un solo soldado a su lado, mucho menos un ejército. Más bien encontramos el apoyo personal de Dios y cómo dotó a este hombre insigne. Anota lo que aprendes acerca de la ayuda que Dios dio a Sansón en:

   Jueces 14:6

   Jueces 14:19

   Jueces 15:14

   Jueces 15:18-19

5. Ahora completa la información correspondiente a este juez en la tabla de las páginas 142–143.

...y la respuesta de tu corazón

- *Los filisteos.* Desde los días de Jefté hasta la época de David, los filisteos fueron una amenaza constante para Israel. No solo eran guerreros fieros, sino que eran mucho más numerosos que Israel y superiores en habilidades tácticas y tecnología. Debido a las ventajas que tenían sobre ellos, los israelitas aceptaron la servidumbre con apatía.

  Querida, nada de eso debió haber importado. ¿Por qué? ¡Porque *Dios* peleaba por Israel! ¿Puedes nombrar algunos "enemigos", problemas abrumadores o presiones externas que podrías estar aceptando sin más y sin pelear? ¿De qué forma te ha prometido Dios una victoria segura? ¿Cómo puedes empezar a mirar a Dios para que te ayude en la victoria?

- *Sansón.* Como puedes ver, Sansón fue un travieso, un presumido, y un hombre inclinado a los placeres. La fortaleza física que Dios le dio fue desperdiciada en bromas, jactancias, pelas y disolución. Sansón tomó su vida como un juego. Su triste historia evidencia la importancia de identificar las debilidades personales y de enfrentarlas de manera intencionada. Sin importar nuestra herencia piadosa y nuestras habilidades recibidas de Dios, una sola debilidad pasada por alto puede echar a perder todo lo que luchamos por construir. ¿Puedes identificar ahora alguna debilidad semejante en tu carácter? Traza un plan para reforzar esa área débil.

- *El Espíritu del Señor.* Es innegable que Dios usó a Sansón, un hombre inconstante y de carácter defectuoso. A pesar de que Sansón cedió ante la presión y en tantas ocasiones se entregó a la sensualidad y la insensatez, Dios obró para que se cumpliera sus propósitos y su promesa de empezar a librar a Israel de sus enemigos. Pese a la debilidad de su siervo Sansón, Dios trajo la victoria sobre sus enemigos. Y a pesar de la actitud apática de Israel, Dios usó a un hombre, incluso un hombre defectuoso, débil e insensato, para empezar a librar a Israel del yugo de los filisteos. ¡Él cumplirá lo que ha prometido!

¿Qué te ha prometido Dios en su Palabra y para lo cual necesitas confiar en Él a fin de que se cumpla, en su tiempo? Anótalo aquí brevemente.

Cultiva una vida de integridad

Alguien dijo con gracia:

> El carácter flojo suele ponerse en orden
> en un lugar estrecho.

Cierto, a Sansón le faltó sabiduría, disciplina, y verdadera consagración. Consideró sus privilegios con ligereza. Usó mal las habilidades y las bendiciones que Dios le había dado. Se dejó llevar por la sensualidad, y terminó en muchos lugares difíciles.

Sin embargo, Dios cumplió su promesa y usó a Sansón en virtud de su fe (He. 11:32), ¡a pesar de sus errores! Anímate, querida, ¡Dios puede usarnos también!

Lección 15

Un buen final

Jueces 16:1-31

Cada ser humano está llamado a tener un carácter propio, a ser lo que ningún otro es, a hacer lo que ningún otro puede hacer.[31]

Amiga mía, hoy por fin podemos ver "aquello" que Sansón había de ser y hacer. A medida que lees y estudias la lección de hoy, toma aliento en el hecho de que nunca es demasiado tarde para volver a Dios. Nunca es demasiado tarde para pedir a Dios que nos ayude a llevar a cabo lo que estamos llamadas a hacer.

El mensaje de Dios...

1. Lee ahora Jueces 16:1-31. Marca aquí cuando hayas terminado: _____.

2. Jueces 16:1-3. ¿Qué debilidad moral se observó en Sansón (v. 1)?

   ¿Qué gran hazaña de fortaleza física demostró (vv. 2-3)?

3. Jueces 16:4-22. ¿Cuál es el nuevo personaje que aparece y cómo planearon los filisteos usarla (vv. 4-5)?

   Completa los detalles de las siguientes escenas:

   Primera escena (vv. 6-9)

   Dalila pregunta:

   Sansón responde:

   Desarrollo de la escena:

   Segunda escena (vv. 10-12)

   Dalila pregunta:

   Sansón responde:

   Desarrollo de la escena:

   Tercera escena (vv. 13-14)

   Dalila pregunta:

   Sansón responde:

   Desarrollo de la escena:

   Cuarta escena (vv. 15-22)

   Dalila pregunta:

Sansón responde:

Desarrollo de la escena:

4. Jueces 16:23-31. **Acto final**

La escena (vv. 23-27)

El propósito (vv. 23-24)

La oración (v. 28)

El desenlace (vv. 29-31)

...y la respuesta de tu corazón

- ¡Ninguna madre pone a su hija el nombre de Dalila! ¿Qué lecciones aprendes, como mujer, del comportamiento de Dalila? Escribe al menos tres.

- ¿Qué lecciones aprendes de la conducta de Sansón... en los versículos 1-22

  ...en los versículos 23-31

- El nombre de Sansón queda para siempre exhibido, por así decirlo, en el salón de la fama de los héroes de la fe donde aparecen los grandes hombres y mujeres de la fe. Lee ahora Hebreos 11:32. ¿Qué dice acerca de la fe y de las proezas de este juez Sansón?

- Escribe cómo se cumplió en la vida de Sansón el dicho: "Cuanto más permanezcamos en situaciones de tentación, más propensos seremos a claudicar".[32] ¿Puedes señalar algún área de tu vida en la que vives al límite de tu resistencia?

- Anota cómo se cumplió en la vida de Sansón este refrán: "Nunca estaremos en un lugar donde Dios no escuche nuestra oración".[33] ¡Recuerda que nunca es demasiado tarde para terminar bien!

Cultiva una vida de integridad

Al hacer una pausa en nuestra meditación acerca de cómo cultivar la integridad en nuestra vida, resulta inevitable fijarse en las contradicciones del carácter de Sansón.

- Aunque fue un juez en Israel, la historia de su vida se centró en dudosas relaciones con mujeres filisteas.

- Aunque sus largos mechones lo señalaban como un nazareo consagrado a Dios, su objetivo principal fue agradarse a sí mismo.

- Aunque poseía una gran fuerza física, le faltaba fortaleza en su carácter.

Sin embargo, gracias a Dios, la escena final de la vida frívola y malgastada de Sansón nos demuestra el poder de la cualidad más importante del carácter: la dependencia de Dios. Aunque el comienzo de Sansón fue pobre, su final fue glorioso... cuando se volvió hacia Dios. Esta es una lección maravillosa que Dios nos imparte hoy como mujeres conformes a su corazón, mujeres que deseamos cumplir su voluntad. Y la lección es que nunca es demasiado tarde...

...para volverse a Dios.
...para arrepentirse del camino de pecado.
...para suplicar la ayuda de Dios.
...para terminar bien.

Amada, el testimonio final del carácter no es dónde comenzaste, sino dónde terminaste.

Lección 16

Adoración equivocada

Jueces 17:1—19:30

¿Por qué, por qué, por qué?

¡Ese es el clamor de mi corazón cuando leo estos tres horribles capítulos del libro de Jueces! (Y déjame advertirte que aún quedan dos más). Quizá debamos introducir esta lección con una advertencia:

> ¡CUIDADO! LO QUE ESTÁS A PUNTO DE LEER CONTIENE INFORMACIÓN PERTURBADORA.

(Mi esposo también me recordó que es probable encontrar hechos semejantes en muchos titulares de los diarios en la actualidad).

A medida que atravesamos el lodazal de las dos siguientes lecciones, ten en cuenta dos cosas:

- ✓ "Toda la Escritura es inspirada por Dios, y útil para enseñar, para redargüir, para corregir, para instruir en justicia, a fin de que el hombre [o mujer] de Dios sea perfecto, enteramente preparado para toda buena obra" (2 Ti. 3:16-17).
- ✓ La Palabra de Dios dice la verdad. La Biblia no encubre ni pasa por alto los numerosos detalles, tanto buenos como malos, de la vida y la historia de su pueblo.

El mensaje de Dios...

1. Lee ahora Jueces 17:1-13. Marca aquí cuando hayas terminado: _____.

   Escribe aquí el versículo 6. Ten presente que este versículo es clave (junto con Jueces 21:25) para entender el libro de Jueces. También es la clave para comprender los sórdidos acontecimientos y condiciones del pueblo de Dios que son revelados en los últimos cinco capítulos de Jueces.

   Como alguien comentó acerca de la verdad enseñada en este versículo y en este libro de la Biblia:

   > Cada hombre hacía lo que le parecía correcto en su propia opinión, y no tardaron en hacer lo malo ante los ojos de Dios.[34]

¿Qué papel juega el amor al dinero en el surgimiento de la falsa adoración?

2. Lee ahora Jueces 18:1-31. Marca aquí cuando hayas terminado: _____.

   Con el menor número de palabras posible (menos de diez), relata los sucesos conducentes a la decadencia que vino tras abandonar la voluntad de Dios en lo concerniente a la adoración en…

   …los versículos 1-13

   …los versículos 14-26

   …los versículos 27-31

3. Ahora lee Jueces 19:1-30. Marca aquí cuando hayas terminado: _____.

   De nuevo, con el menor número posible de palabras, resume los sucesos de los versículos 1-29.

   Mientras somos testigos del sombrío e indecible descaro del pueblo de Dios y de sus sacerdotes, también notamos un rayo de luz en la respuesta del pueblo y su reacción a lo cometido por el levita. ¿Cuál fue su reacción en el versículo 30?

...y la respuesta de tu corazón

Mi cabeza da vueltas y me duele el corazón. En mi intento por buscar una forma de enfocar la aplicación de estos capítulos para nuestro corazón, quiero que observemos primero las principales enseñanzas y sucesos de cada capítulo, y luego consideremos algunas aplicaciones generales.

- Jueces 17. Un levita debía ser un hombre que gozaba de una relación especial con Dios. Como una de las doce tribus que conformaban el pueblo de Israel, los levitas eran responsables de guiar al pueblo en las actividades de adoración prescritas en la ley de Moisés. Es evidente que las prácticas religiosas y la adoración de los israelitas habían caído hasta el punto de la degradación moral y la confusión. En esencia, inventaban sus propias normas de adoración. ¡Adoraban de manera incorrecta!

- Jueces 18. Aquí encontramos las consecuencias del pecado permanente de los danitas (otra de las doce tribus de Israel). ¿Cuál fue su pecado? Los danitas no lograron confiar en que Dios les ayudaría a expulsar a los habitantes de la tierra que les había correspondido. Por esto, se contaminaron al estar en contacto con las religiones de los pueblos vecinos. Esto los llevó a abandonar la ley dada por Moisés y a inventar sus propias normas para la adoración. En otras palabras, esto condujo a una adoración equivocada.

- Jueces 19. Observa dos elementos de este capítulo: 1) la degradante bajeza a la que llegó la decadencia moral de los israelitas, y 2) el indicio del sentido moral que aún quedaba en el pueblo.

Extraigamos ahora alguna aplicación para nuestra vida a partir de estos capítulos.

A medida que reflexionas en estas escenas, señala cuán importante es el estudio de la Palabra de Dios para nuestra conducta y adoración correctas, tal como Dios las ha establecido en su Palabra.

¿Tienes que renovar algún compromiso respecto a tu estudio personal de la Biblia?

Cultiva una vida de integridad

Amada, la Palabra de Dios enumera diez cualidades del carácter que Él desea que tú y yo cultivemos como mujeres piadosas (Tit. 2:3-5). Él revela la importancia de cultivar un corazón que adora a Dios de la manera correcta, y lo hace según la cualidad que ubica en el primer lugar de su lista: piedad, santidad, un comportamiento acorde para una mujer que tiene una relación con Dios. Como dice una traducción: Dios quiere que "nos comportemos según sea apropiado para la adoración a Dios".[35]

Cultivar una vida de integridad empieza aquí mismo: en nuestra adoración. Cuando adoramos de la manera correcta, nos comportamos de la manera correcta, lo cual glorifica a Dios y honra su Palabra (Tit. 2:5). Hagamos un compromiso de por vida de adorar al Señor a su manera, y a exaltarlo unidas.

Lección 17

Revisión de los jueces

Jueces 20:1—21:25

Cuánto me disgusta pedirte que pases otro día sumiéndote en las andanzas pecaminosas del pueblo de Dios. Sin embargo, mientras lees y nos acercamos al final de tu lectura y de nuestro estudio, recuerda que estas dos lecciones (que abarcan los últimos capítulos del libro de Jueces) constituyen un apéndice para este libro de la Biblia. Nos relatan el comentario de Dios acerca del estilo de vida de su pueblo cuando escogió vivir apartado de Él. ¡Aquí no encontrarás muchas virtudes!

El mensaje de Dios…

1. Lee ahora Jueces 20:1-48. Marca aquí cuando hayas terminado: _____.

2. Una vez más, ¿qué nos dicen estos versículos acerca de la condición de la nación de Israel durante el período de los jueces?

   Jueces 17:6

   Jueces 21:25

3. En el menor número de palabras posible, resume los sucesos ocurridos en…

   …los versículos 1-17

   …los versículos 18-48

3. Ahora, lee Jueces 21:1-25. Marca aquí cuando hayas terminado: _____.

   Una vez más, de la manera más resumida posible, relata los sucesos en…

   …los versículos 1-7

   …los versículos 8-25

…y la respuesta de tu corazón

En esta sección final de nuestra última lección sobre el libro de Jueces, quiero que revisemos los aspectos más destacados de este confuso libro de la Biblia, y que busquemos extraer del mismo lo más positivo.

- Revisemos primero los puntos positivos del libro de Jueces. Esto escribí en nuestra primera lección:

  Antes de analizar los perfiles de los hombres y las mujeres que ocupan las páginas de estos dos libros históricos del Antiguo Testamento, y antes de que pasemos por lo bueno, lo malo, y los detalles desagradables de los libros de Jueces y Rut, veamos algunas joyas que podrás encontrar a lo largo del estudio:

  La constante fidelidad de Dios
  El perdón y la gracia de Dios
  El poder y la liberación sistemática de Dios
  La obra redentora de Dios
  El surgimiento de varios héroes insólitos de Dios

  Querida, *Dios* es la verdadera "estrella" de las tristes historias de estos héroes insólitos que Él levantó. ¿Qué aspecto del carácter de Dios y de su relación con su pueblo te pareció más importante al estudiar el libro de Jueces, y por qué?

- Ahora, pasemos a analizar el libro de Jueces. Espero que el siguiente resumen por capítulos te resulte de gran utilidad:

Capítulo	**Frase resumen**
1	Territorios de Israel sin conquistar
2	Dios prueba a Israel
3	Ehud da muerte al rey de Moab
4	Débora vence a Jabín
5	El alentador cántico de Débora
6	Determinación a través de la huida de Gedeón
7	El ejército de Gedeón derrota a los madianitas
8	Un efod se vuelve tropiezo para Gedeón
9	Los de Siquem nombran rey a Abimelec

10	Opresión de los amonitas
11	Jefté somete en batalla a los amonitas
12	Los de Galaad vencen a los de Efraín
13	Opresión de los filisteos
14	Engaño y acertijo de Sansón
15	Sansón da muerte a mil filisteos
16	Los filisteos descubren el secreto de Sansón
17	Los de Efraín contratan a su propio sacerdote
18	Ofensas cometidas por los danitas
19	Perversión contra la concubina del levita
20	Venganza del levita contra los benjaminitas
21	Se reafirma la existencia de Benjamín[36]

Mira ahora la información de cada juez que anotaste en la tabla al final del libro. Escoge dos jueces de tu preferencia y explica por qué.

- Por último, revisa tus lecciones y escoge tres lecciones principales que hayas aprendido sobre la integridad a partir de tu estudio del libro de Jueces y de la vida de estos personajes.

Lección 1

Lección 2

Lección 3

Cultiva una vida de integridad

Me emociona que tú, querida hermana conforme al corazón de Dios, hayas llegado hasta aquí, el final del libro de Jueces. Al concluir este estudio sobre el carácter, parece pertinente centrarnos en la gracia de Dios, la *asombrosa* gracia de Dios.

- ✓ La asombrosa gracia de Dios se despliega en la liberación de su pueblo pecador una y otra vez por medio del liderazgo de sus jueces.
- ✓ La asombrosa gracia de Dios puede encontrarse a lo largo del libro de Jueces cuando la mano de Dios cubrió el fracaso humano.
- ✓ La asombrosa gracia de Dios se evidencia en la inclusión de hombres y mujeres de gran fe que vivían en medio de personas incrédulas. Como alguien comentó: "La gracia perdona y olvida los fracasos, y exalta la fe".[37]

Ahora, ¡da gracias a Dios por su asombrosa gracia en *tu* vida!

Lección 18

Afrontar las pérdidas

Rut 1:1-10

En mi seminario titulado “Una mujer conforme al corazón de Dios”, siempre asigno una tarea a las asistentes. Les pido que escriban su edad y, en seguida, la edad que tendrán diez años más tarde. Por último, les pido que piensen en lo que podría suceder en sus vidas en la próxima década.

Recuerdo muy bien las respuestas que yo misma escribí la primera vez que hice este ejercicio. En mi lista anoté que era probable que yo perdiera a mis padres, y a mis suegros también. También que mis dos hijas se casaran.

Bueno, querida, sufrí *muchas* pérdidas en esa década de mi vida. Algunas estaban en esa lista, y otras, de hecho, jamás las hubiera imaginado.

Y mientras estoy aquí sentada, en este instante, estudiando y escribiendo esta lección, Dios me enseña acerca de cómo afrontar las pérdidas inevitables en nuestra vida. Pues, en efecto, la cuestión no es *si* tú y yo sufriremos alguna pérdida, sino *cuándo* sucederá.

Veamos a tres viudas y aprendamos de su ejemplo para afrontar las pérdidas de la vida. (¡Observa también que éstas ocurrieron en un período de diez años!)

El mensaje de Dios...

1. Lee ahora Rut 1:1-10. Marca aquí cuando hayas terminado: ______.

2. ¿Quiénes son las seis personas mencionadas en este pasaje que conforman una familia? Escribe lo que aprendes acerca de ellos aquí.

3. ¿Cómo llegaron a Moab (v. 1)?

4. Relata algo bueno que experimentó esta pequeña familia (v. 4).

5. Relata algo malo que le ocurrió (v. 5).

6. ¿Qué solución propuso Noemí frente a su pérdida y por qué (v. 6)?

...y la respuesta de tu corazón

Antes de considerar la respuesta de nuestro corazón, veamos un poco el trasfondo del libro de Rut.

El autor. No se sabe quién escribió este libro de la Biblia, pero es evidente que fue un conocedor de la época, de las costumbres, y de la cultura rural de Belén.

La época. Esta cautivadora historia de amor pastoril sobresale en claro contraste con el oscuro período de conflicto y confusión del tiempo de los jueces. Ten presente que los sucesos de los cuatro capítulos que comprenden el libro de Rut pudieron ocurrir hacia la última mitad del libro de Jueces o los últimos años de la vida de Samuel, en algún punto alrededor del siglo X a.C.

El lugar. Se menciona Moab, una tierra al oriente del mar Muerto. Más adelante, las dos viudas abandonaron Moab, y Belén se convirtió en el escenario hasta el final del libro de Rut.

El tema. El libro de Rut trata acerca del "pariente redentor". Rut tenía un pariente por parte de Noemí, que apareció para ayudarlas a salir de su difícil situación. Rut tuvo un pariente redentor humano, pero detrás de su historia se manifiesta la obra redentora del Señor en su vida.

El versículo clave. Escribe aquí Rut 1:16, el versículo que nos habla de la inquebrantable lealtad de Rut, no solo a Noemí, sino al Dios de Noemí, el Dios de Israel.

El libro. El pequeño pero poderoso libro de Rut forma un puente entre el período de ausencia de rey en Israel y el período monárquico. Rut, una mujer moabita y gentil, vio recompensada su lealtad al convertirse en la tatarabuela del rey David, el linaje por medio del cual Jesucristo vendría al mundo.

- Piensa ahora en las múltiples pérdidas que experimentan los protagonistas en estos pocos versículos. Anótalas.

Ahora, haz una lista de tus pérdidas.

En lugar de quedarse en la tierra de su aflicción, estas viudas tomaron algunas decisiones difíciles y actuaron frente a las pérdidas sufridas en busca de su bienestar. ¿Qué acciones emprendieron?

¿Hay decisiones que debes tomar o acciones que debes emprender para manejar mejor tu situación?

- ¿Qué cualidades observas aquí en...

...Rut?

...Noemí?

Antes de seguir adelante, lee el siguiente homenaje:

Tributo a Noemí

Todo lo que sabía Rut acerca del Dios de Israel lo aprendió de la forma como Noemí había respondido a Él tras la muerte de su esposo y sus hijos. Sin embargo, esta sola observación bastó para que Rut confesara "tu Dios será mi Dios". ¡Vaya! La reacción de Noemí a su tragedia en realidad había conducido a una joven gentil a querer conocer a Dios. Cuando la vida se puso más amarga, Noemí tuvo una elección: podía amargarse más, o podía confiar en Dios. Noemí eligió lo correcto, y su vida atrajo a otros a Dios. Gracias a la respuesta de Noemí, el nombre Rut aparece en la genealogía de Jesucristo.[38]

Cultiva una vida de integridad

Cuando pienso en estas dos mujeres, vienen a mi mente muchas palabras relacionadas con la integridad. Palabras como coraje, resolución, aceptación, confianza, fe, valentía... (¡y estoy segura de que tú puedes pensar en más!)

No obstante, la mayor lección que aprendemos de la vida de estas dos afligidas mujeres es *cómo* afrontaron sus pérdidas de manera realista. Todas sabemos que es imposible pulir un diamante sin fricción. Querida, tampoco un hijo de Dios puede ser perfeccionado sin las pruebas. Toma a pecho estos principios para cultivar con diligencia tu propia vida de integridad:

- Ellas aceptaron su pérdida
- Ellas determinaron hacer algo respecto a su pérdida
- Ellas actuaron según los hechos, no según las emociones
- Ellas tomaron una decisión
- Ellas consideraron las necesidades de cada una
- Ellas actuaron conforme a su decisión

Lección 19

Regreso a casa

Rut 1:11-22

Dado que nací en Oklahoma, he visitado con frecuencia la estatua original de bronce que fue usada como el modelo para la famosa escultura de "la mujer pionera" en Ponca City, Oklahoma. Todo el que ha visto la expresión férrea pero apacible del rostro de esta aguerrida mujer acompañada de varios pequeños y una Biblia bajo su brazo, no puede evitar sentirse conmovido, impresionado, desafiado, y redargüido.

Bueno, mi querida y preciosa "mujer pionera", hoy tú y yo tenemos el privilegio de asomarnos al corazón férreo pero apacible de otra mujer, Noemí, quien recorrió su tortuoso camino hacia la única esperanza que aparecía en su horizonte: un hogar. Ten por seguro que te sentirás conmovida, impresionada, desafiada y redargüida.

El mensaje de Dios...

1. Lee ahora Rut 1:11-22. Marca aquí cuando hayas terminado: _____. Ahora, vuelve a leer Rut 1:6-10.

2. *Consideración.* ¿Cómo demostró Noemí su consideración hacia sus nueras jóvenes (vv. 8-15)?

   Y ¿cómo demostraron las nueras de Noemí su consideración hacia su suegra (vv. 7 y 10)?

3. *Elecciones.* Al final, ¿qué decisiones tomó Noemí (vv. 7 y 18)?

   ¿Y Orfa (vv. 14-15)?

   ¿Y Rut (vv 14-18)?

4. *Regreso a casa.* Describe cómo fue el regreso a casa de Noemí y Rut (vv. 19-22):

   El lugar

   El saludo

   La respuesta

   El momento del año

...y la respuesta de tu corazón

- *Consideración.* ¿Te preguntas cuál fue el diálogo entre Noemí y sus dos nueras? La ley de Moisés determinaba que los hijos más jóvenes podían casarse con las viudas de sus hermanos fallecidos (Dt. 25:5-10). En el caso de Noemí, no había hijos más jóvenes. Ella explicó que si estas dos mujeres regresaban con ella a Israel, quizás nunca se casarían de nuevo ni tendrían una familia.

  Noemí pensaba más en sus nueras que en sí misma. Explica cómo tu actitud de corazón se asemeja o no a la de Noemí en tus...

  ...relaciones en general

  ...relaciones con tus parientes

  ...relaciones con tu familia política

  Anota varias maneras en las que puedes ser más considerada hacia los demás e imitar el ejemplo de integridad de Noemí. ¿Qué harás hoy?

- *Decisiones.* Las decisiones determinan el destino, lo cual fue cierto en la vida de dos mujeres gentiles.

  ¿Cuál era el motivo de la decisión de Ofra (v. 15)?

  ¿Cuál era el motivo de la decisión de Rut (v. 16)?

Querida lectora, ¿te has vuelto ya al Señor, al mismo Dios que Rut eligió seguir? Explícalo, por favor.

Rut demostró su decisión con hechos: hizo su equipaje, dejó su familia y su país, ¡y sus dioses paganos! ¿Con cuáles hechos has demostrado tu decisión de seguir a Dios con todo tu corazón? Después de responder, medita en la siguiente reflexión:

> No podemos achacar todo a la gracia... no hay forma de evitar una decisión personal. Orfa tomó su decisión, volvió a sus dioses, y cayó en el olvido. La decisión de Rut fue completamente diferente. Ella experimentó una crisis espiritual y llegó a ser, a su vez, ancestro de nuestro bendito Señor.[39]

- *Carácter.* Las decisiones también revelan el carácter. ¿Qué cualidades del carácter observas aquí en...

  ...Rut?

  ...Noemí?

  ...Orfa?

- *Regreso a casa. Noemí* significa "placentera" y *Mara* significa "amarga". Es evidente que los sucesos ocurridos en la vida de Noemí cuando vivía en Moab le produjeron tanto dolor que ella no concebía seguir llevando el nombre Noemí.

En nuestra lección anterior hablamos acerca de las pérdidas en la vida. Teniendo en cuenta tus respuestas pasadas, ¿puedes identificarte con la pérdida de gozo que experimentó Noemí? ¿o con su dolor? Dedica un minuto a recordar y responder a esta pregunta. Escribe un breve testimonio.

"Jehová me ha vuelto con las manos vacías... el Todopoderoso me ha afligido". Aunque estas palabras parecen duras en el papel, en cierta medida revelan la comprensión y el aprecio de Noemí hacia Dios. Noemí sabía en su corazón que las pérdidas de su vida podían tener su explicación en la voluntad soberana de Dios. Noemí reconoció que su pobreza era el resultado de la providencia divina manifiesta en su propia vida. Aunque "vacía", Noemí reconoció con gratitud que el Señor la había traído a casa.

Piensa de nuevo en tus pérdidas. ¿De qué forma te sirve como ejemplo la actitud de Noemí hacia Dios y su comprensión de Él para ver esas pérdidas a la luz de la voluntad soberana de Dios para tu vida?

Cultiva una vida de integridad

En nuestra sociedad afanada y acelerada estamos acostumbrados a frases como "¡avanza!", "¡decídete!", "¡busca lo tuyo!" o "¡llega muy lejos!" Sin embargo, aquí vemos en Noemí a una mujer que estuvo dispuesta a volver atrás.

El regreso de Noemí a su patria ¿fue un paso atrás o hacia adelante? ¿Por qué? En Belén había alimento, amigos, y parientes que podrían compadecerse de ella. Y había adoración verdadera al Dios verdadero. Para avanzar en su vida, Noemí tenía que regresar a la tierra de sus comienzos.

¿Será posible, amiga mía, que debas regresar a la tierra de tus comienzos, volver "a casa", a Dios? Con esto quiero decir: ¿Debes tal vez regresar a la iglesia? ¿Volver a tu primer amor? ¿Tomar tu Biblia y empezar a leer de nuevo la preciosa Palabra de Dios para avivar tu alma? ¿Arrodillarte en oración y empezar a nutrir de nuevo tu vida de oración? ¿Pedir perdón a otra persona o a Dios para recuperar el gozo de tu salvación? ¿Alejarte de prácticas que te hunden y frenan? ¿Pasar menos tiempo con personas que desprecian tus creencias y más tiempo con aquellas que te edifican en tu fe y te alientan en tu relación con Dios?

En ocasiones, el primer paso para volver a cultivar una vida de integridad significa, en realidad, ir hacia atrás.

Lección 20

Al rescate

Rut 2:1-16

¿Te ha sucedido que estabas *precisamente* en el lugar correcto en el momento correcto? Hoy vemos esto en una situación que evidencia la dirección y el cuidado divinos hacia dos viudas, Noemí y Rut. Es cierto que cada una tomó una difícil decisión, pero ahora sus decisiones han empezado a rendir frutos y a traer una "cosecha" de beneficios (en un sentido bastante literal, como verás) cuando Dios empezó a abrir las ventanas de los cielos y a derramar su bendición sobre ellas.

Noemí decidió regresar a la tierra del pueblo de Dios, y al lugar donde se adoraba al Dios verdadero. Y Rut decidió acompañarla, tras declarar su fe con estas célebres e inmortales palabras: "Tu pueblo será mi pueblo, y tu Dios mi Dios" (Rt. 1:16).

Amada, es bien cierto que si enfrentamos nuestras circunstancias en Dios, encontraremos a Dios en todas nuestras circunstancias.

El mensaje de Dios...

1. Lee ahora Rut 2:1-16. Marca aquí cuando hayas terminado: _____.

2. Rut 2:1-3. ¿A quién encontramos en el versículo 1 y cómo se le describe?

   ¿Qué "sucedió" cuando Rut salió a recoger en los campos, y cómo se describe al nuevo personaje del libro de Rut (v. 3)?

3. Rut 2:4-16. Describe los acontecimientos que tuvieron lugar en...

   ...los versículos 4-7

   ...los versículos 8-11

   ...los versículos 12-16

...y la respuesta de tu corazón

• Anota las cualidades del carácter que observas aquí en:

Rut

Booz (he dejado un amplio espacio aquí porque la lista de cualidades de este hombre es extensa, y seguirá en aumento a lo largo del libro. ¡Qué hombre tan impresionante!)

- Escribe por lo menos una forma en la que puedes imitar hoy el carácter de Rut. Después de hacer tus propias anotaciones, deléitate leyendo el siguiente comentario acerca del carácter de Rut.

La llegada a casa...

*...*de Noemí y de Rut significó encarar la pobreza, y muchas dificultades de índole práctica. Además, todo se complicaba más por el hecho de que Rut era moabita. Con todo, ella estaba allí para hacer frente a la lucha, y salió como una espigadora a recoger lo necesario para el sustento del momento.[40]

- ¿Qué había oído Booz acerca del carácter de Rut, y qué oyen las demás personas acerca del tuyo?

- Escribe por lo menos tres formas en las que puedes imitar hoy la bondad y la generosidad de Booz.

En este capítulo, Dios establece el parentesco de Booz con Rut por medio de su esposo y su suegro fallecidos. Recuerda que el "pariente redentor" era alguien que acudía a socorrer a otro. Veremos más acerca del papel del pariente redentor en las lecciones siguientes. Por ahora, mira con atención cómo

Booz socorrió a dos viudas indigentes, desposeídas y azotadas por la pobreza.

Cultiva una vida de integridad

¿Has sido bendecida ya con lo poco que llevamos del estudio de Rut? Esto se ha dicho acerca de este libro de la Biblia: "Lo que Venus es para la escultura, y la Mona Lisa para la pintura, lo es Rut para la literatura". De hecho, se le ha llamado "la obra más hermosa y completa a pequeña escala".[41] En cuanto a mí, ya he tomado una decisión *crucial*: le pido a Dios la gracia (y las fuerzas) para completar el estudio.

Hay por lo menos dos lecciones inestimables que debemos comprender tras estudiar estos hermosos versículos acerca de dos personas íntegras, que son: una extranjera, viuda, desempleada e indefensa, y un terrateniente acaudalado y soltero ya entrado en años.

La primera es el hecho de que *Dios guía nuestra vida*. Cuántas veces hemos oído a otros referirse a algún suceso en su vida o en su día con palabras como: "fue una coincidencia, simplemente sucedió, fue pura suerte". (¡Y cuántas veces tú misma has pronunciado palabras parecidas!) Querida, tú y yo debemos abstenernos de pensamientos y palabras semejantes. ¿Por qué? Porque Dios guía a su pueblo. ¡Así es! ¡y punto! Rut y Booz constituyen ejemplos perfectos de esa dirección divina: Dios guió a Rut "precisamente" al campo de Booz. Dios nos guía a ti y a mí de igual forma.

> No hay accidentes en la vida de fe. En su melodía, los sucesos fortuitos perfeccionan la armonía.[42]

La segunda lección que como mujeres conformes al corazón de Dios podemos atesorar es el hecho de que *Dios provee*. Una vez más, Dios guió al campo de Booz, que era precisamente (¡de nuevo esta palabra!) un pariente de Noemí... que era precisamente un hombre adinerado... que era precisamente un hombre piadoso... que estaba precisamente mirando a la esforzada Rut, y preguntó acerca de ella y dio provisiones para ella y su suegra.

Querida, como hija de Dios tú también tienes la promesa de la dirección y la provisión divinas. Tomemos aliento siempre en la verdad con que bendijo Booz a Rut:

> Jehová recompense tu obra,
> y tu remuneración sea cumplida
> de parte de Jehová Dios de Israel,
> bajo cuyas alas has venido a refugiarte (Rt. 2:12).

Lección 21

Cultivar una amistad

Rut 2:17-23

¡Esta es una pareja verdaderamente original! Me refiero a Rut y a Noemí.

Sí, así es. Es improbable que estas dos mujeres llegaran a ser amigas. Noemí era anciana, y Rut era joven. Noemí pertenecía al pueblo de Dios, y Rut a un pueblo pagano. Había diferencias culturales notables entre estas dos mujeres, sin mencionar las barreras idiomáticas. Y además, ¡eran parientes políticas!

A pesar de eso, las dos eran viudas. Las dos luchaban por sobrevivir. Y las dos estaban consagradas a Dios y buscaban honrarlo con su vida.

Veamos la fórmula de su relación y aprendamos de Rut y de Noemí cómo cultivar una amistad.

El mensaje de Dios...

1. Lee ahora Rut 2:17-23. Marca aquí cuando hayas terminado: _____.

2. Al considerar el pasaje de Rut 2:1-16 junto con los versículos 17 y 18, ¿qué imagen aparece del carácter de Rut?

3. ¿Qué preguntó Noemí a Rut en el versículo 19 cuando vio la cantidad que ella había recogido en el día (que por cierto pesaba entre 13 y 18 kg)?

   Cuando Noemí oyó la respuesta de Rut (v. 19) ¿qué contestó?

   ¿Qué dijo Noemí acerca de Booz (v. 20)?

   ¿Qué aconsejó después Noemí a Rut (v. 22)?

4. Esta sección termina en el versículo 23 como empezó en el versículo 17. Para la duración de la cosecha de trigo y de cebada (unos dos meses aproximadamente), ¿cuál era la costumbre en los días de Rut?

...y la respuesta de tu corazón

- Dedica unos minutos a escribir uno o dos párrafos que describan la relación entre Rut y Noemí.

- Ahora, describe la relación entre dos primas: Elisabet y María, en Lucas 1:39-56.

¿En qué se centraba su amistad?

¿Acerca de qué hablaban?

¿Cómo se animaban mutuamente?

- Observa ahora Tito 2:3-5 y describe la relación que debe existir entre las mujeres jóvenes y ancianas. Escribe cuál es…

  …el papel de la anciana

  …el papel de la mujer joven

  ¿Cómo crees que esto se cumple en la relación entre Noemí y Rut?

- Anota las cualidades de carácter que observas aquí en:

  Rut

  Noemí

  Booz

- Ahora, querida, hablemos de ti. ¿Eres como Noemí, o como Rut? ¿Eres una mujer joven, o mayor? ¿Eres suegra, o nuera? Dios habla a cada mujer por medio de la tierna relación que cultivaron Rut y Noemí.

¿Qué debes hacer tú para nutrir tu corazón y ser como Noemí? O, dicho de otra manera, ¿qué haces para establecer una amistad con mujeres jóvenes para ayudarlas a crecer y dirigir sus vidas para Cristo?

- ¿Qué debes hacer para nutrir tu corazón y ser como Rut? O, dicho de otra manera, ¿de qué forma buscas a mujeres mayores y te sometes a ellas para que te enseñen y aconsejen?

- ¿Hay algo que puedes hacer hoy para cultivar la paciencia y el interés que debe manifestar una "anciana", o el espíritu humilde y enseñable que debe tener una "mujer joven"?

Cultiva una vida de integridad

Querida mujer conforme al corazón de Dios (y suegra o nuera conforme al corazón de Dios), el Señor nos comunica un mensaje claro y sonoro a través de la hermosa amistad entre Rut y Noemí.

Si tienes una suegra o una nuera, debes hacer todo lo posible por alimentar esa relación para que se pueda forjar una amistad. Para lograrlo, se necesitará oración, humildad, sacrificio, y amor. Me alegro mucho cuando veo mujeres que se refieren a su suegra o a su nuera con expresiones afectuosas. Nuestro papel como miembros de una familia es amar, honrar, respetar, y ayudarnos mutuamente. Por consiguiente, debe desecharse la crítica, y a cambio debe reinar un corazón amoroso (Col. 3:12-14). Es así como puede cultivarse una amistad. Y esa es la meta, amiga mía.

Lección 22

Crece la confianza

Rut 3:1-6

¡Cuidado! Lo que estás a punto de leer en esta lección podría contener información que parece extraña. Sin embargo, en tu estudio de Rut capítulo 3, ten presente que los sucesos relatados allí (y en la siguiente lección) no son más que costumbres judías antiguas. Son prácticas relacionadas con la búsqueda de pareja, la declaración de las intenciones hacia una persona, la disponibilidad para una posible relación, la admiración hacia alguien, y la de seguir el linaje de una familia a través de la figura del "pariente redentor".

Por ahora, queremos profundizar un poco más en esta escena tierna y conmovedora entre una suegra y su nuera, entre una anciana y una joven, entre una mujer con respuestas y consejo y una mujer que oía respuestas y atendía el consejo, es decir, entre Rut y Noemí.

Estas dos preciosas viudas han pasado juntas meses (y tal vez incluso años) de dificultades. De hecho, sus problemas comunes y su confianza en Dios las llevó a tejer una amistad caracterizada por la más absoluta confianza mutua. Su amistad es un testimonio vivo de estas palabras:

La gloria de la amistad

La gloria de la amistad no es la mano extendida, ni la sonrisa amable, ni el gozo de la compañía, sino la inspiración espiritual que viene cuando ella descubre que alguien más cree en ella y está dispuesta a confiar en ella mediante su amistad.[43]

El mensaje de Dios…

1. Lee ahora Rut 3:1-6. Marca aquí cuando hayas terminado: ______.

2. En Rut 2:2, Rut tomó la iniciativa de cuidar de Noemí. ¿Qué sugirió Rut?

   En Rut 3:1-2, Noemí tomó la iniciativa de cuidar de Rut. ¿Qué sugirió Noemí?

   Mira de nuevo Rut 1:9. ¿Qué sugirió Noemí en este momento?

3. ¿Cuáles fueron los detalles del plan de Noemí según el versículo 3? (Observa por favor que este es un consejo muy específico. Toma nota de los diferentes elementos de la instrucción de Noemí).

   ¿Cuáles fueron los detalles siguientes del plan de Noemí, según el versículo 4? (Sigue con tu lista)

Cuando Noemí terminó de dar todas las instrucciones a Rut, ¿quién tendría la última palabra en el asunto (v. 4)?

4. ¿Qué contestó Rut a Noemí después que ella hubiera revelado su plan (v. 5)?

5. ¿Cómo respondió Rut a las instrucciones de Noemí (v. 6)?

...y la respuesta de tu corazón

- Escribe las cualidades de carácter que observas aquí en:

  Noemí

  Rut

- Cuando estudiaba esta escena del libro de Rut y consideraba el hecho de que Rut siguió el consejo de Noemí al pie de la letra, descubrí cuatro señales distintivas de un amigo leal:

  Señal #1. Un amigo leal es bondadoso. Noemí buscó "descanso" para la joven viuda Rut. En otras palabras, Noemí no quería que Rut se quedara para siempre como segadora en los campos de otras personas. Noemí quería que Rut se salvara de la dura vida que supone la viudez, quería que volviera a casarse y que gozara de la seguridad y la estabilidad que ofrece la vida matrimonial.

  Señal #2. Un amigo leal está bien informado. Noemí conocía las costumbres que gobernaban el pueblo de Dios. También conocía la forma apropiada en que funcionaban asuntos como la búsqueda de pareja.

Señal #3. Un amigo leal es sabio. Noemí aconsejó de manera sabia, discreta, y provechosa para todos.

Señal #4. Un amigo leal es práctico. Noemí no dejó lugar a conjeturas, sino que expresó su consejo con los pasos específicos de acción que Rut debía tomar.

Ahora, querida, toma muy en serio estas cuatro señales de un amigo leal que vemos en la vida de Noemí. ¿Hay alguna que falte en tu vida?

¿Qué puedes hacer para cultivar y nutrir esa señal que falta en tu carácter a fin de que puedas ser una mejor amiga? Por favor, escribe en términos específicos.

Cultiva una vida de integridad

Como nos enseña el proverbio, es fácil tener *muchos* conocidos, pero es difícil ser un amigo *verdadero* como lo fue Noemí para Rut, es decir, "amigo... más unido que un hermano" (Pr. 18:24). La verdadera amistad es el reto que Dios pone delante de nosotras como mujeres conformes al corazón de Dios.

¿Cómo te calificas como amiga leal? Cuando otros piensan acerca de ti, ¿te consideran una persona confiable? ¿Alguien a quien pueden contar sus problemas? ¿Alguien que da consejo sabio? Una de las cualidades de una mujer piadosa es que no es calumniadora, y que es maestra del bien (Tit. 2:3). Una mujer piadosa es confiable, y ofrece consejo bueno y recto, digno de confianza. Es una instructora espiritual.

Y si estás casada, ¿cómo te evalúas como esposa leal? ¿Puede tu esposo confiar en ti? Proverbios 31:11 dice que el corazón de un esposo debería poder confiar en su esposa. ¿Es esto cierto en tu vida? ¿Hablas bien de tu esposo? ¿Rehúsas revelar, por amor, sus faltas a otros? ¿Lo animas en todas sus empresas? ¿Le honras por la forma como *tú* vives y como lo tratas cuando estás con él?

Y, por último, ¿cómo te evalúas como una madre leal? ¿Pueden tus hijos buscar consejo en ti? ¿Pueden confiar en que guardarás la confidencialidad de los detalles de su vida? ¿Has cultivado una relación de confianza con ellos? ¿Cumples tu palabra en lo que respecta a ellos?

Amada, ¡piensa en estas cosas!

Lección 23

Definición de excelencia femenina

Rut 3:7-18

Toda mujer cristiana ha oído estas palabras muchas veces: "Mujer virtuosa, ¿quién la hallará? Porque su estima sobrepasa largamente a la de las piedras preciosas" (Pr. 31:10). De hecho, como nuevo creyente, este versículo de la Biblia fue casi el primero que oí cuando ingresé al estudio bíblico femenino en mi iglesia.

No obstante, es más fácil admirar que definir la excelencia. He pasado los últimos 28 años tratando (con la ayuda de Dios) de definir e imitar esta cualidad de la excelencia en mi vida. En esta lección, tú y yo tenemos la oportunidad de ver los resultados del anhelo de una mujer por seguir a Dios. Rut, como la mujer de Proverbios 31, era "conocida en la puerta". Todos se fijaban en ella y la admiraban por su carácter. Veamos si al contemplar la vida de Rut podemos definir lo que significa ser una mujer virtuosa, una mujer excelente.

El mensaje de Dios…

1. Lee ahora Rut 3:7-18. Marca aquí cuando hayas terminado: _____.

2. Rut 3:7-13. Espero que recuerdes los detalles de nuestra lección pasada. Si no, echa un vistazo rápido a la lección anterior. ¿Cuándo se acercó Rut a Booz (v. 7)?

   ¿Qué le comentó Rut a Booz en el versículo 9, y qué respondió él en el versículo 12?

   Tras descubrir que la mujer a sus pies era Rut, ¿cómo respondió Booz en el versículo 10?

   ¿Y en el versículo 11?

   La palabra "excelente" o "virtuosa" aparece solo 4 veces en la Biblia para describir a una mujer. Observa lo que se dice en cada caso:

   Rut 3:11

   Proverbios 12:4

   Proverbios 31:10

   Proverbios 31:29

   (Un profesor de Antiguo Testamento me enseñó que el lugar más usual donde en la Biblia hebrea se ubica a Rut es después del libro de Proverbios. ¡Imagínate! La descripción de la mujer de Proverbios 31 y sus numerosas virtudes es seguida inmediatamente por la historia de Rut. ¡Y ciertamente una imagen vale más que mil palabras!)

¿Cómo terminó la conversación entre Rut y Booz (v. 13)?

3. Rut 3:14-18. Describe la escena entre Rut y Booz por la mañana temprano (vv. 14-15).

   Describe también la escena entre Rut y Noemí cuando Rut volvió a casa (vv. 16-18).

...y la respuesta de tu corazón

- Escribe qué fama tenía Rut según:

  Rut 2:6

  Rut 2:11

  Rut 3:11

  ¿Qué crees que otros (tu esposo, tus hijos, tus vecinos, tus colegas de trabajo, tus compañeros de estudio, tus amigos de la iglesia) dicen y piensan acerca de ti?

- Escribe las cualidades de carácter que observas aquí en:

  Booz

  Rut. Para contestar este punto acerca de Rut, busca los pasajes del recuadro en la página siguiente y anota la idea o palabras claves. ¡Deléitate en esto!

Rut: la esposa de Proverbios 31[44]

1. Consagrada a su familia
   Rut 1:15-18 — Proverbios 31:10-12, 23
2. Cordial en su trabajo
   Rut 2:2 — Proverbios 31:13
3. Diligente en su labor
   Rut 2:7, 17, 23 — Proverbios 31:14-21, 24, 27
4. Dedicada a la rectitud en el hablar
   Rut 2:10, 13 — Proverbios 31:26
5. Dependiente de Dios
   Rut 2:12 — Proverbios 31:25b, 30
6. Vestida con sobriedad
   Rut 3:3 — Proverbios 31:22, 25a
7. Discreta con los hombres
   Rut 3:6-13 — Proverbios 31:11-12, 23
8. Repartiendo bendiciones
   Rut 4:14-15 — Proverbios 31:28-29, 31

Cultiva una vida de integridad

Querida, las múltiples y excelentes cualidades plasmadas en el ejemplo de Rut definen la meta para esta vida que Dios ha trazado para ti y para mí como mujeres conformes a su corazón. Seas casada o no, el carácter piadoso es siempre la meta, y el premio que hemos de perseguir.

La vida íntegra que Rut desarrolló tuvo un precio. Fue el resultado de un peregrinaje que empezó con una decisión difícil: dejar su casa, su familia, su nación, y sus dioses. Aún así, esta amada mujer de excelencia eligió dejar lo conocido por lo desconocido, una decisión que resultó ser crucial para su vida. Ese día, ella empezó a cultivar una vida de integridad.

Ahora, este es tu ejercicio para desarrollar tu integridad:

1. Escribe aquí la fecha de hoy: ____________________

2. Dedícate a trabajar en los siguientes tres meses para establecer o mejorar tres cualidades de carácter que admiras en Rut.

   —

   —

   —

3. Elige una amiga a quien puedas rendir cuentas y fija un tiempo para hablar sobre este ejercicio de cultivar tu carácter durante tres meses, a partir de hoy. La cita será: _____

4. Haz el compromiso en oración de cultivar tu carácter toda la vida. Que de ti pueda decirse: "¡Todos saben que eres una mujer excelente!".

Lección 24

Definición de excelencia masculina

Rut 4:1-12

Mientras me ocupo en escribir este libro, mi esposo Jim trabaja en otro lugar en *Sabiduría de Dios para niños*, su libro infantil para nuestro nieto Jacob. Se trata de un poema divertido que presenta una serie de virtudes y cualidades piadosas para niños pequeños.

Bueno, en Booz tenemos a un "niño grande" cuya descripción en Rut 2:1 es la de un "hombre rico", que significa un hombre de valor. Booz complementa muy bien a nuestra Rut, un modelo de excelencia *femenina* para nosotras. ¡Ahora veamos cómo Booz define la excelencia *masculina*!

El mensaje de Dios...

1. Lee ahora Rut 4:1-12. Marca aquí cuando hayas terminado: _____.

2. Mira de nuevo Rut 3:9. La siguiente definición y descripción de las responsabilidades de un "pariente más próximo" o "pariente más cercano" puede ayudarnos a comprender esta escena y lo que Booz hizo después.

   "La palabra hebrea *goel,* que significa pariente más próximo, tiene un significado técnico en la ley hebrea. El pariente más cercano tenía ciertos deberes y privilegios, que incluía el de redimir la tierra o al pariente que se había visto forzado a vender sus tierras o a sí mismo a causa de la pobreza. Tomar una parte del manto del pariente más cercano para cubrirse era la forma legal de reclamar protección y redención. Un pariente cercano redentor debía ser capaz de y estar dispuesto a pagar el precio total de la redención".[45]

3. Rut 4:1-6. Describe de forma breve esta reunión oficial y las negociaciones legales relativas al pariente más próximo en el linaje de Noemí y Rut.

   Al final, ¿por qué rehusó este pariente más cercano hacerse cargo de su resposabilidad (v. 6)?

4. Rut 4:7-10. Ahora, haz una breve descripción de esta transacción legal pública que eximió al pariente de su responsabilidad y transfirió a Booz el papel de pariente redentor.

   Escribe cuál es la participación de cada uno en esta ceremonia:

   Noemí (v. 9)

   Rut (v. 10)

   Booz (vv. 9-10)

5. Rut 4:11-12. ¿Cuáles son las bendiciones que los ancianos y el pueblo pronunciaron en oración respecto al matrimonio de Booz con Rut?

...y la respuesta de tu corazón

- ¿Qué tan fácil es para ti quedarte quieta cuando hay asuntos cruciales por definirse en tu vida? ¿Esperas con paciencia que Dios obre por medio de otros, o tratas de manipular las cosas, te inquietas y preocupas? ¿Te das cuenta de que Rut y Noemí no aparecen en este pasaje? Aún así, su ausencia y su silencio dicen mucho acerca de otra cualidad del carácter. Ellas estuvieron dispuestas a esperar (Rt. 3:18) y a confiar en que Dios obrara por medio de otros. ¿Cómo puedes imitar mejor a estas dos mujeres santas de la antigüedad que confiaron en Dios "sin temer ninguna amenaza" (1 P. 3:5-6)?

- Me siento muy agradecida hacia mi esposo Jim (sí, mi excelente esposo) por las siguientes anotaciones de su material de enseñanza sobre este hombre Booz y las muchas cualidades sobresalientes de su carácter que marcaron su vida. Me complace poder presentarlas aquí.

Booz: un hombre íntegro

Diligente. A Booz se le describe como un "hombre rico" (Rt. 2:1), y un hombre que con cuidado y atención supervisaba su propiedad.

Amigable. Booz saludaba a sus trabajadores con amabilidad, e incluso acogió a la extranjera llamada Rut (2:4, 8).

Misericordioso. Cuando vio a Rut trabajando, Booz preguntó acerca de su situación y actuó en su favor (2:7).

Piadoso. Booz pidió a Dios que bendijera a Rut como recompensa por su cuidado de Noemí (2:12).

Motivador. Booz señaló las fortalezas de Rut y habló de ellas para animarla (2:12; 3:11).

Generoso. Aunque Rut necesitaba alimento, y estaba dispuesta a trabajar por ello, Booz le dio más (2:15).

Amable. Cuando Rut comentó la amabilidad con que Booz la había tratado, Noemí dio gracias a Dios por su benevolencia manifiesta a las dos por medio de Booz (2:20).

Discreto. Booz demostró su sabia discreción al enviar a Rut a casa antes del amanecer (3:14).

Fiel. Booz cumplió su promesa a Rut cuando "subió a la puerta" para preparar el camino para casarse con Rut (4:1).[46]

Cultiva una vida de integridad

Aquí estamos, dos mujeres conformes al corazón de Dios que estudian juntas la Biblia. Y Dios usa el retrato de un *hombre* íntegro, Booz, para enseñarnos acerca de la excelencia piadosa. ¡Ay, querida hermana, creo que hay mucho aquí que debemos tomar en serio!

1. ¿Eres soltera? Entonces busca estas cualidades en el hombre con quien esperas casarte. No te conformes con algo que no sea lo mejor de Dios: un hombre íntegro que sea piadoso, diligente, fiel... (¡ya conoces la lista!)

2. ¿Estás casada? Entonces ora por ver estas cualidades de carácter en tu esposo.

3. Y si eres casada, asegúrate de promover estas cualidades piadosas en tu esposo alentando sus esfuerzos por cultivar una vida de integridad.

4. Si eres casada, recuerda otra vez alabar con frecuencia y empeño a tu esposo cuando ves que demuestra estas características en su propia vida.

5. ¿Eres madre? Entonces cerciórate de inculcar estas cualidades en el corazón y en la mente de tus hijas (tus pequeñas Rut) y tus hijos (tus pequeños Booz). Muestra a tus hijos las elevadas normas de Dios y enséñales a apropiarse de ellas. Entrena a cada hijo a ser un hombre íntegro, y a cada hija a valorar a los hombres que poseen virtudes piadosas.

Lección 25

Amor redentor

Rut 4:13-22

¿Sabías que solo dos de los 66 libros de la Biblia tienen nombre de mujer? Rut es uno, y el otro es Ester. Y los dos libros han inspirado a grandes y pequeños a lo largo de la historia. No es extraño, pues, que los judíos tengan en gran estima estos libros. Hasta hoy, leen el libro de Ester en su fiesta de Purim, y el pergamino de Rut en su fiesta de Pentecostés.

En la segunda lección de este libro, notamos que los libros de Jueces y Rut nos ofrecen una descripción abierta y franca del pueblo de Dios a lo largo de un período de tres siglos aproximadamente. Jueces nos enseña que apartarse del Señor acarrea serios castigos y que volverse a Él nos devuelve el gozo y el bienestar. Y Rut, nuestro hermoso libro de Rut, exhibe la obra redentora de nuestro amante Señor en la vida de tres personas que permanecieron firmes en integridad y fidelidad a Él mientras la sociedad a su alrededor se derrumbaba a causa de la decadencia moral.

Querida, hoy seremos testigos de primera mano del amor redentor de Dios y de su obra redentora en la vida de Rut, de Noemí y de Booz... y esa misma redención es la que Dios nos extiende a ti y a mí hoy.

El mensaje de Dios...

1. Lee ahora Rut 4:13-22. Marca aquí cuando hayas terminado: _____.

2. Rut 4:13-16. Observa aquí los asombrosos acontecimientos del versículo 13 y la participación de Dios en ellos.

   ¿Cómo bendijeron las mujeres de la comunidad a Noemí (vv. 14-15)?

   ¿Qué gran bendición disfrutó Noemí en el versículo 16?

3. Rut 4:17-22. ¿Cómo se le puso nombre al bebé y a qué importante linaje pertenecía (v. 17)?

   Una pequeña nota: el nombre *Obed* significa "siervo". Esto marca un final muy apropiado para concluir nuestro estudio de Booz, Rut y Noemí. ¡El fiel trío de siervos de Dios aumentó a cuatro!

   Al leer la siguiente genealogía, que es la genealogía de Jesucristo, recuerda que humanamente sería impensable que este puñado de mujeres anónimas apareciera en ella por ser consideradas indignas e inadecuadas, si no fuera por el amor redentor de Dios.

...Tamar, una adúltera, fue la madre de Peres,
...Rahab, la prostituta, fue la madre de Booz,
...Rut, la moabita, fue la madre de Obed,
Y además...
...Betsabé, una adúltera, fue la madre de Salomón, el hijo del rey David.

4. Repaso del libro de Rut. Al igual que en el estudio del libro de Jueces, te invito a disfrutar de este resumen que subraya los aspectos principales del libro de Rut.

Capítulo	**Resumen**
1	Rut vuelve con Noemí
2	Abundancia de manos de Booz
3	Entrada del pariente redentor
4	Esposo redentor para Rut[47]

...y la respuesta de tu corazón

- Es maravilloso poder alegrarnos con el copioso derramamiento de bendiciones sobre Rut, Noemí, y Booz. No obstante, Dios también derrama a diario su bendición sobre ti, querida. Dedica un minuto a meditar en su bondad. Escribe aquí algunas de esas bendiciones para que no las olvides. Y luego, ¡da gracias!

- Escribe las cualidades de carácter que observas aquí en Rut.

A lo largo de la historia de Rut hemos sido testigos de su servicio incansable a su suegra. Al final, ¡su servicio fue mejor que "siete hijos"! ¿Cómo calificas tu servicio a tu familia política?

- Escribe las cualidades de carácter que observas aquí en Booz.

Desde la primera vez que vemos a Booz, él obró fielmente a favor de otros. No buscó excusas ni dudó. ¿Es preciso que extiendas a otros tu mano misericordiosa? (¡Y no olvides a los miembros de tu familia!)

- Escribe las cualidades de carácter que observas aquí en Noemí.

A lo largo del libro de Rut vemos que Noemí pensaba siempre en los demás. ¿Cómo puedes imitar su ejemplo de servicio desinteresado?

Cultiva una vida de integridad

¡Espero que en este momento estés pensando en el carácter! Yo sí. Hay muchas "cosas" que tú y yo podemos buscar en la vida. Sin embargo, querida, hay *una* que importa verdaderamente, que enriquece tu vida y la de otros. Me refiero a cultivar una carácter piadoso. En los numerosos personajes del libro de Jueces y de Rut hemos visto la indudable manifestación de muchas búsquedas que dan fe de este adagio:

La fama es un vaho,
la popularidad un accidente,
y las riquezas tienen alas.
Los que hoy aclaman, mañana pueden maldecir.
Solo hay algo que permanece: *el carácter*[48].

Que tú, amada, seas contada entre los pocos que eligen perseguir lo único que permanece: el carácter.

MAPA DE LOS JUECES

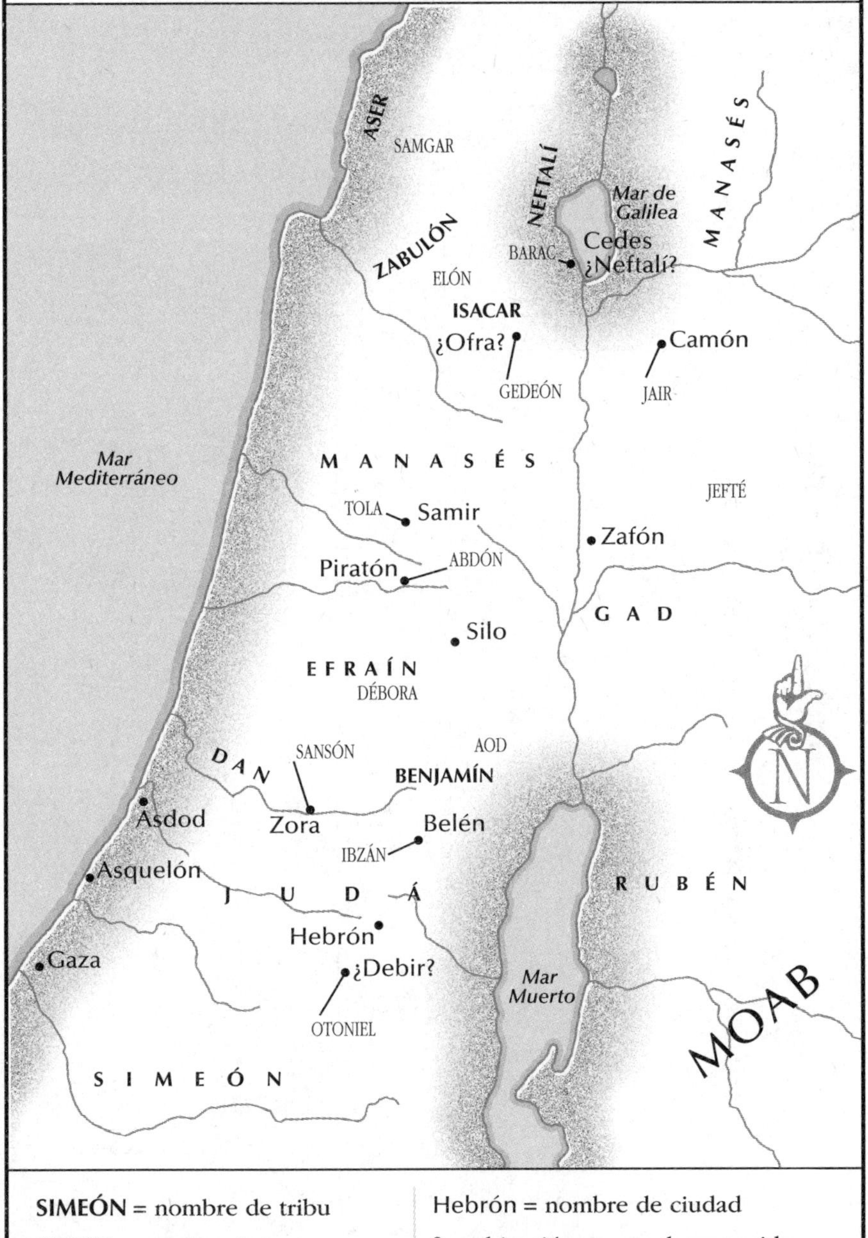

SIMEÓN = nombre de tribu

OTONIEL = nombre de juez

Hebrón = nombre de ciudad

? = ubicación exacta desconocida

Historia de los jueces

	Juez	Característica sobresaliente	Opresor de Israel	Tiempo	Cita en Jueces
1.					
2.					
3.					
4.					
5.					

6.					
7.					
8.					
9.					
10.					
11.					
12.					

Cómo estudiar la Biblia
Algunas sugerencias prácticas

Jim George, Th.M.

Una de las búsquedas más nobles que un hijo de Dios puede emprender es llegar a conocer y entender mejor a Dios. La mejor forma de lograrlo es mirar atentamente el libro que Él ha escrito, la Biblia, que comunica lo que Él es y su plan para la humanidad. Si bien existen diversas maneras de poder estudiar la Biblia, una de las técnicas más fáciles y eficaces para leer y comprender la Palabra de Dios incluye tres pasos sencillos:

- Primer paso. Observación: *¿Qué dice el pasaje?*
- Segundo paso. Interpretación: *¿Qué significa el pasaje?*
- Tercer paso. Aplicación: *¿Qué haré conforme a lo que el pasaje dice y significa?*

La observación es el primer y más importante paso en el proceso. Cuando leas el texto bíblico, debes *mirar* con atención lo que dice y cómo lo dice. Busca:

- *Términos, no palabras.* Las palabras pueden tener muchos significados, pero los términos son palabras usadas de manera específica en un contexto específico. (Por ejemplo, la palabra *tronco* podría aplicarse a un árbol o una parte del cuerpo. Sin embargo, cuando lees "ese árbol tiene un tronco muy largo", sabes con exactitud lo que la palabra significa, y eso la convierte en un término).

- *Estructura.* Si buscas en tu Biblia, verás que el texto tiene unidades llamadas *párrafos* (marcados o sangrados). Un párrafo es una unidad completa de pensamiento. Puedes descubrir el contenido del mensaje del autor si observas y comprendes cada párrafo.

- *Énfasis*. La cantidad de espacio o el número de capítulos o versículos dedicados a un tema específico revelará la importancia del mismo (por ejemplo, nota el énfasis de Romanos 9-11 y del Salmo 119).

- *Repetición*. Esta es otra manera en que el autor demuestra que algo es importante. Una lectura de 1 Corintios 13, donde en apenas 13 versículos el autor usa nueve veces la palabra "amor", nos hace saber que el amor es el punto central del texto.

- *Relación entre las ideas*. Presta mucha atención, por ejemplo, a ciertas relaciones que aparecen en el texto:

  — Causa y efecto: "Bien, buen siervo y fiel; sobre poco has sido fiel, sobre mucho te pondré; entra en el gozo de tu señor" (Mt. 25:21).
  — Si y entonces: "si se humillare mi pueblo, sobre el cual mi nombre es invocado, y oraren, y buscaren mi rostro, y se convirtieren de sus malos caminos; entonces yo oiré desde los cielos, y perdonaré sus pecados, y sanaré su tierra" (2 Cr. 7:14).
  — Preguntas y respuestas: "¿Quién es este Rey de gloria? Jehová el fuerte y valiente" (Sal. 24:8).

- *Comparaciones y contrastes*. Por ejemplo: "Oísteis que fue dicho a los antiguos… pero yo os digo…" (Mt. 5:21).

- *Estilos literarios*. La Biblia es literatura, y los tres tipos principales de literatura bíblica son el discurso (las epístolas), la prosa (la historia del Antiguo Testamento), y la poesía (los Salmos). Es muy útil tener en cuenta la forma literaria a la hora de leer e interpretar las Escrituras.

- *Ambiente*. El autor tenía una razón o una carga particular para escribir cada pasaje, capítulo y libro. Asegúrate de captar el ánimo, el tono o la urgencia con la que escribió.

Después de considerar estos aspectos, estarás lista para plantear las preguntas clave:

¿Quién?	¿Quiénes son las personas que menciona este pasaje?
¿Qué?	¿Qué sucede en este pasaje?
¿Dónde?	¿Dónde tiene lugar esta historia?
¿Cuándo?	¿En qué momento (del día, del año, de la historia) sucede esto?

Formular estas cuatro preguntas clave puede ayudarte a extraer los términos e identificar el ambiente. Las respuestas también te ayudarán a usar tu imaginación para recrear la escena acerca de la cual lees.

Cuando te hagas estas preguntas e imagines el suceso, tal vez surjan nuevas preguntas de tu propia iniciativa. Hacer esas preguntas adicionales para la comprensión facilitará la construcción de un puente entre la observación (el primer paso) y la interpretación (el segundo paso) del proceso de estudio bíblico.

La interpretación es descubrir el significado de un pasaje, la idea o el pensamiento principal del autor. Responder las preguntas que surgen durante la observación te ayudará en el proceso de interpretar. Hay cinco pistas que pueden ayudarte a determinar cuáles son los puntos principales del autor:

- *Contexto.* Cuando lees el texto, puedes responder el 75% de tus preguntas acerca de un pasaje. Cuando se lee un pasaje se observa el contexto inmediato (el versículo anterior y el siguiente) y el más amplio (el párrafo o el capítulo que precede o sigue al pasaje que estudias).

- *Referencias cruzadas.* Deja que las Escrituras se interpreten a sí mismas. Es decir, que otros pasajes bíblicos arrojen luz sobre el pasaje que estudias. Al mismo tiempo, ten cuidado de no dar por sentado que una misma palabra o frase significa lo mismo en dos pasajes diferentes.

- *Cultura.* Puesto que se escribió hace mucho tiempo, debemos entender la Biblia, a la hora de interpretarla, desde el contexto cultural del autor.

- *Conclusión.* Después de responder tus preguntas para comprender el pasaje a través del contexto, de las referencias cruzadas y de la cultura, puedes hacer una declaración preliminar acerca del significado del pasaje. Recuerda que si tu pasaje incluye más de un párrafo, tal vez el autor presente más de un pensamiento o idea.

- *Consulta.* Leer libros como comentarios y obras de eruditos bíblicos puede ayudarte a interpretar las Escrituras.

La aplicación es la razón por la cual estudiamos la Biblia: queremos que nuestra vida cambie, ser obedientes a Dios y ser cada vez más como Jesucristo. Después de haber observado un pasaje, y de haberlo interpretado o entendido lo mejor posible según nuestra capacidad, debemos aplicar su verdad a nuestra propia vida.

Será provechoso que te plantees las siguientes preguntas sobre cada pasaje de las Escrituras que estudias:

- ¿Cómo afecta a mi relación con Dios la verdad revelada allí?
- ¿Cómo afecta esta verdad a mi relación con otros?
- ¿Cómo me afecta a mí esta verdad?
- ¿Cómo afecta esta verdad a mi respuesta al enemigo, Satanás?

El paso de la aplicación no termina simplemente respondiendo estas preguntas. La clave es *poner en práctica* lo que Dios te ha enseñado a través de tu estudio. Aunque en un determinado momento podrías no aplicar de manera consciente *todo* lo que has aprendido en el estudio bíblico, sí puedes aplicar *algo.* Y, como hemos visto, cuando te propones aplicar una verdad a tu vida, Dios bendecirá tus esfuerzos transformándote en la semejanza de Jesucristo.

Materiales bíblicos de utilidad:
Concordancia: de Tuggy o de Strong.
Diccionario bíblico: de Clie, de Caribe o de Holman.
El mundo que Jesús conoció, Anne Punton.
De qué trata la Biblia, Henrietta C. Mears.
Nuevo manual bíblico Unger, Merrill F. Unger
Auxiliar bíblico Portavoz
Nuevo manual de los usos y costumbres de los tiempos bíblicos, Ralph Gower.

Libros sobre estudio bíblico:
Cómo leer la Biblia, libro por libro, Gordon Fee
La lectura eficaz de la Biblia, Gordon Fee
Cómo interpretar la Biblia uno mismo, Richard Mayhue
Cómo entender e interpretar la Biblia, John Phillips

Cómo dirigir un grupo de estudio bíblico

¡Qué privilegio es dirigir un estudio bíblico! Y qué gozo y emoción te esperan cuando tú escudriñas la Palabra de Dios y ayudas a otros a descubrir sus verdades transformadoras. Si Dios te ha llamado a dirigir un grupo de estudio bíblico, sé que pasarás mucho tiempo en oración, planificando y meditando para ser una líder eficaz. Sé, también, que si dedicas tiempo a leer las sugerencias que te doy podrás enfrentar mejor los desafíos que implica dirigir un grupo de estudio bíblico, y disfrutar del esfuerzo y de la oportunidad.

Las funciones de la líder

En el transcurso de una sesión descubrirás que tu papel como líder de un grupo de estudio bíblico va cambiando entre las funciones de *experta, animadora, amiga,* y *árbitro*.

Puesto que eres la líder, los miembros del grupo verán en ti la *experta* que las guía en el estudio del material, y por eso debes estar bien preparada. De hecho, prepárate más de lo que se espera, con el fin de que conozcas el material mejor que todos los miembros del grupo. Empieza tu estudio a comienzos de la semana y deja que su mensaje penetre durante toda la semana. (Incluso podrías trabajar varias lecciones por anticipado, para tener en mente el cuadro completo y el enfoque general del estudio). Prepárate para comunicar otras verdades preciosas que las participantes de tu grupo quizás no hayan descubierto por sí mismas. Una meditación adicional que surge de tu estudio personal, un comentario de un sabio maestro o erudito bíblico, un dicho inteligente, una observación aguda de otro creyente, e incluso una broma apropiada, añadirán diversión y evitarán que el estudio bíblico se vuelva rutinario, monótono y árido.

En segundo lugar, debes estar preparada para ser la *animadora* del grupo. Tu energía y entusiasmo hacia la tarea propuesta pueden servir de inspiración. También pueden animar a otras a consagrarse más a su estudio personal y participar en el grupo de estudio.

Tercero, debes ser la *amiga*, aquella que demuestra un interés sincero por los miembros del grupo. Tú eres la persona que creará el ambiente del grupo. Si tú ríes y te diviertes, las participantes también reirán y se divertirán. Si abrazas, ellas abrazarán. Si te interesas, ellas se interesarán. Si compartes, ellas compartirán. Si amas, ellas amarán. Por consiguiente, ora cada día para amar a las mujeres que Dios ha puesto en tu grupo. Pídele que te muestre cómo amarlas con su amor.

Por último, como líder, tendrás que ser *árbitro* en algunas ocasiones. Eso significa que debes cerciorarte de que todas tengan la misma oportunidad de hablar. Es más fácil hacerlo cuando funcionas bajo la suposición de que cada participante tiene un aporte valioso. Confía entonces en lo que el Señor ha enseñado a cada persona durante la semana, y actúa conforme a ese supuesto.

Experta, animadora, amiga, y árbitro son las cuatro funciones de la líder que podrían hacer ver la tarea como algo abrumador. Pero eso no está mal, si es lo que te mantiene de rodillas orando por tu grupo.

Un buen comienzo

Empezar a tiempo, saludar con entusiasmo a cada persona, y empezar con una oración constituyen un buen principio para el estudio bíblico. Ten presente lo que quieres que ocurra durante la reunión y cerciórate de que se cumplan los objetivos. Ese tipo de orden hace que las participantes se sientan cómodas.

Establece un formato y comunícalo a los miembros del grupo. A las personas les agrada participar en un estudio bíblico que se centra en la Palabra. Procura entonces que la discusión se centre en el tema y anima al grupo a continuar con las preguntas del estudio. Con frecuencia, es difícil evitar desviarse del tema, y aún más difícil controlar la discusión. Por consiguiente, asegúrate de centrarte en las respuestas a las preguntas acerca del pasaje específico. Después de todo, el propósito del grupo es el estudio de la Biblia.

Para terminar, como alguien comentó con acierto: "El crecimiento personal es uno de los resultados de todo grupo pequeño que funciona bien. Este crecimiento se logra cuando las personas reciben el reconocimiento y la aceptación de los demás. Cuanto más respeto, simpatía, confianza mutua y calidez se expresen, más probable será que cada miembro se esfuerce por lograr las metas del grupo. El líder eficaz procurará reforzar los rasgos deseables" (fuente desconocida).

Doce ideas útiles

Esta es una lista de sugerencias útiles para dirigir un grupo de estudio bíblico:

1. Llega temprano, lista para centrarte por completo en los demás y dar de ti misma. Si tienes que hacer algún preparativo, revisión, reagrupamiento, o una oración de último minuto, hazlo en el auto. No entres de prisa, sin aliento, apurada, tarde, ajustando aún tus planes.

2. Revisa con anticipación el lugar de la reunión. ¿Tienes todo lo necesario… mesas, suficientes sillas, un tablero, himnarios si piensas cantar, café, etcétera?

3. Saluda calurosamente a cada persona por su nombre a medida que llega. Después de todo, has orado durante toda la semana por estas mujeres, y cada persona especial debe saber que te alegras de su llegada.

4. Al menos durante las dos o tres primeras reuniones, usa etiquetas con los nombres de las participantes.

5. Empieza a tiempo sin importar lo que pase, ¡incluso si solo ha llegado una persona!

6. Piensa en una declaración de inicio agradable pero firme. Podrías decir: "¡Esta lección fue grandiosa! Empecemos de una vez para que podamos disfrutar todo su contenido!" o "Vamos a orar antes de comenzar nuestra lección".

7. Lee las preguntas, pero no dudes en reformularlas cuando sea necesario. Por ejemplo, en vez de leer un párrafo completo de instrucciones, podrías decir: "La pregunta 1 nos pide mencionar algunas formas en las que Cristo demostró humildad. Margarita, por favor cita una de ellas".

8. Resume o parafrasea las respuestas dadas. Hacerlo mantendrá la discusión centrada en el tema, eliminará las desviaciones del tema, ayudará a evitar o aclarar cualquier malentendido del texto, y a mantener a cada participante atenta a lo que dicen las demás.

9. No te detengas y no añadas tus propias preguntas al tiempo de estudio. Es importante completar las preguntas de la guía del estudio. Si se requiere una respuesta concreta, entonces no tendrás que hacer otro comentario aparte de decir "gracias". Sin embargo, cuando la pregunta pide una opinión o una aplicación (por ejemplo, ¿cómo puede esta verdad ayudar a nuestro matrimonio? O ¿cómo sacas tiempo para tu tiempo devocional?), permite que participen cuantas lo deseen.

10. Anima a cada persona que participa, en especial si el aporte es de carácter personal, difícil de decir, o si viene de una persona muy callada. Haz que todas las que participan se sientan como heroínas, con comentarios como: "Gracias por contarnos de tu experiencia personal", o "Apreciamos mucho lo que Dios te ha enseñado. Gracias por hacernos partícipes de ello".

11. Está atenta a tu reloj, coloca un reloj frente a ti, o considera el uso de un temporizador. Organiza la discusión de tal forma que cumplas con el tiempo que has establecido, en especial si quieres dedicar un tiempo para orar. Detente a la hora señalada incluso si no has terminado la lección. Recuerda que todas han estudiado ya la lección, y que se trata de un repaso.

12. Termina a tiempo. Solo puedes hacer amigas en tu grupo de estudio si terminas a tiempo, e incluso antes. Además, las participantes de tu grupo también tienen actividades programadas en su agenda y que deben atender: recoger a los

niños de la guardería, de la escuela o de la niñera; volver a casa para atender asuntos allí; hacer diligencias; acostarse; o pasar tiempo con sus esposos. ¡Déjalas ir *a tiempo*!

Cinco problemas comunes

En cualquier grupo puedes esperar algunos problemas. A continuación encontrarás algunos de los más comunes que pueden surgir, y también algunas soluciones prácticas:

1. *La lección incompleta*. Desde el comienzo establece la norma de que si alguien no ha estudiado la lección, es preferible que no conteste las preguntas en el grupo. Sin embargo, intenta incluir sus respuestas a preguntas sobre opiniones o experiencias. Todas pueden aportar ideas como respuesta a puntos como: "Reflexiona en tus conocimientos acerca del entrenamiento deportivo y espiritual, y luego comenta lo que consideras que son los elementos esenciales para entrenarse en piedad".

2. *El chisme*. La Biblia dice con claridad que el chisme es malo, así que no desearás permitir esto en tu grupo. Establece una norma elevada y estricta diciendo: "No me siento cómoda con esta conversación" o "Señoras, estamos [no *estás*] chismeando. Sigamos con la lección".

3. *La participante habladora*. Estos son tres escenarios y algunas posibles soluciones para cada uno:

   a. La participante que causa el problema tal vez hable porque ha hecho su tarea y está emocionada por algo que desea comunicar. Quizá también sepa más acerca del tema que las demás y, si le prohíbes hablar, el grupo se perjudicaría.

      SOLUCIÓN: Responde diciendo algo como "Sara, haces aportes muy valiosos al grupo. Veamos si podemos escuchar lo que las demás piensan al respecto", o "Sé que Sara puede responder esto, porque ha hecho su tarea a conciencia. ¿Qué tal si otras nos cuentan acerca de su estudio?"

b. La participante podría mostrarse habladora porque *no* ha hecho su tarea y quiere aportar a la discusión, pero carece de límites.

SOLUCIÓN: Desde la primera reunión, fija la norma de que quienes no han realizado su lección no podrán hacer comentarios, excepto en preguntas de opinión o aplicación. Tal vez sea preciso recordar esta norma al principio de cada sesión.

c. La participante habladora quizá desee ser oída a pesar de no tener siempre algo que valga la pena aportar.

SOLUCIÓN: Después de varios recordatorios sutiles, habla de manera más directa: "Betty, sé que te gustaría comentar tus ideas, pero demos a otras la oportunidad de hacerlo. Me gustaría oírte más adelante".

4. *La participante callada*. Estos son dos escenarios y sus posibles soluciones:

   a. La participante callada quiere aportar pero de alguna forma no logra encontrar la ocasión para hablar.

   SOLUCIÓN: Ayuda a la participante callada prestando atención a las señales que manifiesta cada vez que desea hablar (moverse al borde de su silla, expresar algo con su mirada, empezar a decir algo, etc.), y luego podrías decir: "Un momento. Creo que Mariana quiere decir algo". ¡Y no olvides hacerla sentir después como una heroína!

   b. La participante callada simplemente no quiere participar.

   SOLUCIÓN: "Mariana, ¿qué respuesta tienes para la pregunta 2?" o "¿Qué piensas acerca de…?" Por lo general, cuando una persona tímida ha hablado unas pocas veces, se sentirá más confiada y dispuesta a seguir haciéndolo. Tu función es proveer la oportunidad *sin* riesgos de respuestas equivocadas. Sin embargo, en algunas ocasiones habrá una participante que te diga que en realidad prefiere no intervenir. Respeta su posición, pero de vez en cuando pregúntale en privado si se siente lista para aportar a las discusiones del grupo.

De hecho, brinda total libertad a las participantes de aportar o no. En la primera reunión, explica que si alguna prefiere no exponer su respuesta, puede decir "paso" en cualquier momento. Sería útil repetir esta norma al principio de cada sesión grupal.

5. *La respuesta equivocada.* Nunca digas a una participante que su respuesta es errónea, pero tampoco permitas que una respuesta equivocada se pase por alto.

 SOLUCIÓN: Pregunta si alguien más tiene una respuesta diferente, o formula preguntas adicionales que hagan surgir la respuesta correcta. A medida que las participantes se acercan a ella, puedes decir: "Nos estamos acercando. Sigamos pensando, casi hemos encontrado la respuesta".

Aprender de la experiencia

Tan pronto como finaliza cada sesión de estudio bíblico, evalúa el tiempo de discusión grupal con esta lista de control. Tal vez también quieras que un miembro del grupo (o un asistente, un aprendiz, o un observador externo) te evalúe de manera periódica.

Que Dios te fortalezca y aliente en tu servicio a otros para que descubran las abundantes y maravillosas verdades que Él ofrece.

Notas

1. Tomado de Elizabeth George. *A Woman After God's Own Heart®* (Eugene, OR: Harvest House Publishers, 1997), pp. 24-29. Publicado en español por Editorial Unilit.
2. D. L. Moody, *Notes from My Bible and Thoughts from My Library* [Apuntes de mi Biblia y reflexiones de mi biblioteca] (Grand Rapids, MI: Baker Book House, 1979), p. 49.
3. G. Campbell Morgan, *Life Applications from Every Chapter of the Bible* [Lecciones prácticas de cada capítulo de la Biblia] (Grand Rapids, MI: Fleming H. Revell, 1994), p. 70.
4. Sid Buzzell, editor general, *The Leadership Bible* [La Biblia del liderazgo] (Grand Rapids, MI: Zondervan Publishing House, 1998), p. 268.
5. John MacArthur, *The MacArthur Study Bible* [Biblia de estudio MacArthur] (Nashville, TN: Word Publishing, 1997), p. 340. Publicado en español por Editorial Portavoz.
6. Merrill C. Tenney, *The Zondervan Pictorial Encyclopedia of the Bible—Volume 2* [Enciclopedia ilustrada Zondervan de la Biblia, Volumen 2] (Grand Rapids, MI: Zondervan Publishing House, 1975), p. 259.
7. Moody, *Notes from My Bible* [Apuntes de mi Biblia], p. 49.
8. Matthew Henry, *Commentary on the Whole Bible—Volume 2* (Peabody, MA: Hendrickson Publishers, 1996) p. 1078. Publicado en español por Editorial Clie.
9. Albert M. Wells, Jr., *Inspiring Quotations—Contemporary & Classical* [Citas de inspiración, clásicas y contemporáneas] (Nashville: Thomas Nelson Publishers, 1988), p. 178.
10. Merrill F. Unger, *Unger's Bible Dictionary* [Diccionario bíblico Unger] (Chicago: Moody Press, 1980), p. 890.
11. *John MacArthur Bible Studies,* "Church Leadership", 1 Timothy 3:1-13 [Estudios bíblicos de John MacArthur, "Liderazgo eclesial", 1 Timoteo 3:1-13] (Panorama City, CA: Grace to You, 1989), p. 16.
12. Herbert Lockyer, *The Women of the Bible* [Las mujeres de la Biblia] (Grand Rapids, MI: Zondervan Publishing House, 1975), pp. 40-42.
13. Paul Lee Tan, *Encyclopedia of 7,700 Illustrations,* quoting Jim Elliot [Enciclopedia de 7.700 ilustraciones, cita de Jim Elliot] (Winona Lake, IN: BMH Books, 1979), p. 271.
14. Moody, *Notes from My Bible* [Apuntes de mi Biblia], p. 50.
15. Lockyer, *The Women of the Bible* [Las mujeres de la Biblia], p. 42.
16. *Ibíd.*

17. Michael Kendrick and Daryl Lucas, *365 Life Lessons from Bible People* [365 lecciones prácticas de los personajes de la Biblia] (Wheaton, IL: Tyndale House Publishers, Inc., 1996), p. 76.
18. MacArthur, *The MacArthur Study Bible* [Biblia de estudio MacArthur], p. 344. Publicado en español por Editorial Portavoz.
19. *Life Application Bible* [La Biblia práctica] (Wheaton, IL: Tyndale House Publishers, Inc., 1988), p. 361.
20. Richard C. Halverson, "The Hero", *Perspective* Newsletter ["El héroe", boletín Perspectiva], 26 de octubre, 1977.
21. *The Leadership Bible* [La Biblia del liderazgo], p. 279.
22. Arthur Cundall y Leon Morris, *The Tyndale Old Testament Commentaries—Judges and Ruth* [Comentario Tyndale del Antiguo Testamento, Jueces y Rut] (Downers Grove, IL: Inter-Varsity Press, 1968), p. 122.
23. Florence Littauer, *It Takes So Little to Be Above Average* [Es fácil ser sobresaliente] (Eugene, OR: Harvest House Publishers, 1983).
24. William J. Petersen y Randy Petersen, *The One Year Book of Psalms* [Un año con los Salmos], cita de G. Campbell Morgan (Wheaton, IL: Tyndale House Publishers, Inc., 1999), 22 de abril.
25. *Life Application Bible* [La Biblia práctica], p. 371.
26. Eleanor Doan, *The Speaker's Sourcebook*, cita de Oren Arnold [Libro de consulta del orador] (Grand Rapids, MI: Zondervan Publishing House, 1977), p. 46.
27. MacArthur, *The MacArthur Study Bible* [Biblia de estudio MacArthur], p. 353. Publicado en español por Editorial Portavoz.
28. Charles R. Swindoll, *The Tale of the Tardy Oxcart* [El cuento de la carreta lenta] (Nashville: Word Publishing, 1998), pp. 181-82.
29. Wells, *Inspiring Quotations* [Citas de inspiración], cita de J. B. Chapman, p. 22.
30. Cundall and Morris, *Judges and Ruth* [Jueces y Rut], pp. 154-55.
31. Doan, *The Speaker's Sourcebook* [Libro de consulta del orador], cita de William Ellery Channing , p. 47.
32. Kendrick and Lucas, *365 Life Lessons* [365 lecciones prácticas], p. 82.
33. *Ibíd.*, p. 83.
34. Moody, *Notes from My Bible* [Apuntes de mi Biblia], p. 50.
35. Curtis Vaughn, *The New Testament from 26 Translations* [El Nuevo Testamento en 26 traducciones], cita de *The New Testament According to the Eastern Texts* [El Nuevo Testamento según los textos orientales] de George M. Lamsa (Grand Rapids, MI: Zondervan Publishing House, 1967), p. 1017.
36. Barry Huddleston, *The Acrostic Bible* [La Biblia en acróstico] (Portland, OR: Walk Thru the Bible Press, Inc., 1978).
37. Herbert Lockyer, *All the Books and Chapters of the Bible* [Libros y capítulos de la Biblia] (Grand Rapids, MI: Zondervan Publishing House, 1978), p. 67.
38. *The Leadership Bible* [La Biblia del liderazgo], p. 301.
39. Lockyer, *All the Books and Chapters of the Bible* [Libros y capítulos de la Biblia], p. 68.

40. Morgan, *Life Applications* [Lecciones prácticas], p. 77.
41. Both quotes from MacArthur, *The MacArthur Study Bible,* p. 366.
42. Morgan, *Life Applications* [Lecciones prácticas], p. 77.
43. Frank S. Mead, *12,000 Religious Quotations* [12.000 citas religiosas], cita de Ralph Waldo Emerson con cambio en el género del pronombre (Grand Rapids, MI: Baker Book House, 1989), p. 155.
44. *The MacArthur Study Bible* [Biblia de estudio MacArthur], p. 373. Publicado en español por Editorial Portavoz.
45. Alan M. Stibbs, editor general, *Search the Scriptures* [Busca en las Escrituras] (Downers Grove, IL: InterVarsity Press, 1979), p. 208.
46. Elizabeth George, *Women Who Loved God—365 Days with the Women of the Bible* [Mujeres que amaron a Dios. 365 días con las mujeres de la Biblia] (Eugene, OR: Harvest House Publishers, 1999), 28 de mayo.
47. Huddleston, *The Acrostic Bible* [La Biblia en acróstico].
48. Horace Greeley.